SINGER

BIBLIOTECA DE COSTURA MR

El A B C
de la Costura

LIMUSA
GRUPO NORIEGA EDITORES
México • España • Venezuela • Argentina
Colombia • Puerto Rico

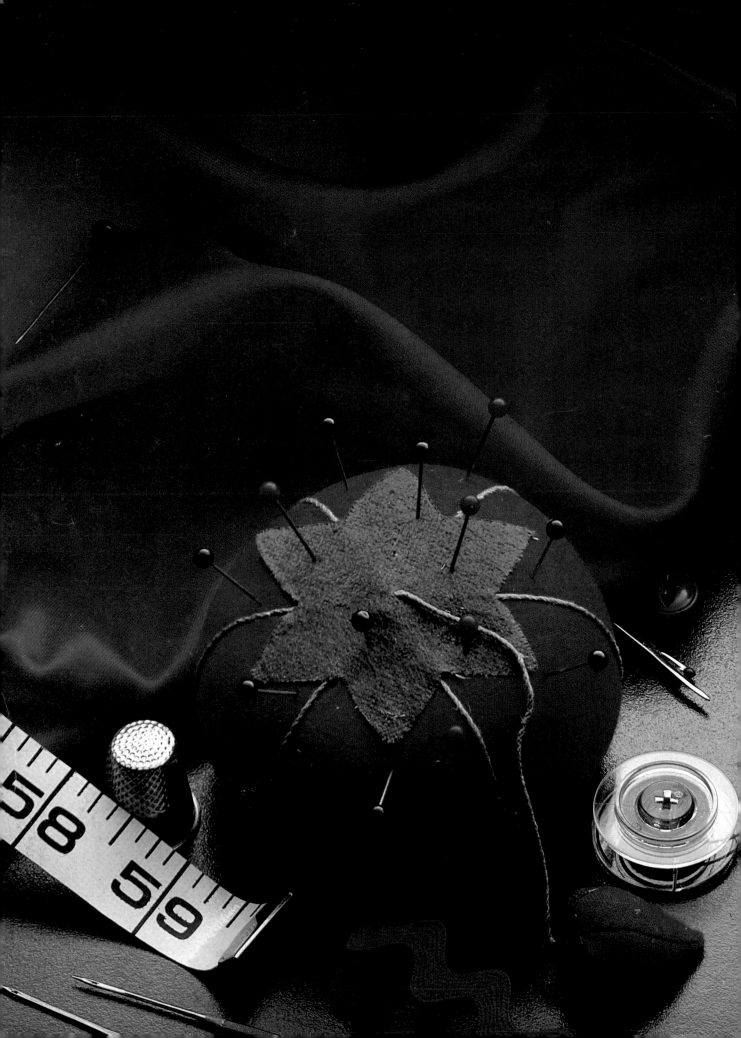

SINGER

BIBLIOTECA DE COSTURA MR

El A B C
de la Costura

Contenido

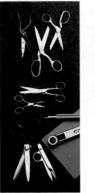

Versión autorizada en español de la obra publicada
en inglés por Cy DeCosse Incorporated con el título de
SEWING ESSENTIALS
© 1984 Cy DeCosse Incorporated (English version). All rights reserved.
© 1987 Cy DeCosse Incorporated (versión española). Derechos reservados.
ISBN 0-86573-201-9
ISBN 0-86573-202-7 (pbk.)
ISBN 0-86573-217-5 (pasta dura, versión en español para EE.UU.)
ISBN 0-86573-218-3 (rústica, versión en español para EE.UU.)
ISBN 0-86573-233-7 (pasta dura, versión en español para EE.UU., serie completa)
ISBN 0-86573-234-5 (rústica, versión en español para EE.UU., serie completa)
Distributed in the U.S. and Canada by Cy DeCosse Incorporated,
    5900 Green Oak Drive, Minnetonka, MN 55343, U.S.A.

Publicado por:
EDITORIAL LIMUSA, S.A. de C.V.
Balderas 95, Primer piso, 06040 México, D.F.

Miembro de la Cámara Nacional de la
Industria Editorial. Registro Núm. 121

Primera edición: 1988
Impreso en México
(6426)

ISBN 968-18-2558-6
ISBN 968-18-2572-1 (serie completa)
Impreso en Offset Larios S. A. Salvador Alvarado
105 C. P. 11800.   México D. F.

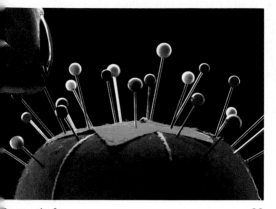

CY DECOSSE INCORPORATED
Director: Cy DeCosse
Presidente: James B. Maus
Vicepresidente ejecutivo: William B. Jones

SEWING ESSENTIALS
Elaboración: Departamento Editorial de
Cy DeCosse Incorporated, en colaboración con el
Singer Education Department. Singer es marca
registrada de la Compañía Singer y se está usando
con su autorización.

Versión española:
MA. CRUZ VILCHIS
VILLAVICENCIO.

Revisión:
DEPARTAMENTO EDITORIAL DE
EDITORIAL LIMUSA, S.A. de C.V.

Elaboración:
SISTEMAS EDITORIALES
TECNICOS, S.A. de C.V.

Cómo usar este libro

Como en cualquier otro arte u oficio, también en la costura se empieza con las técnicas básicas. En este libro se proporciona la información indispensable que toda costurera necesita saber.

Para la preparación de esta obra se entrevistó a expertos en la materia, maestras de costura, estudiantes, personas que se inician o ya con experiencia en esta área, costureras industriales, diseñadores y modistas profesionales de todo el país. Se les preguntó cuáles eran los principios y técnicas que ellos consideraban más importantes para tener éxito en la costura.

Técnicas básicas actualizadas

Todas las personas entrevistadas estuvieron de acuerdo en que es necesario aprender y perfeccionar las técnicas básicas antes de pasar al siguiente nivel de complejidad. También estuvieron de acuerdo en que es importante estar al tanto de los nuevos métodos y de la tecnología moderna, a fin de que el tiempo que se dedique a la costura sea más redituable. Hacen hincapié en que se deben usar los accesorios y técnicas más modernos para ahorrar tiempo, sin que por ello se tenga que disminuir la calidad del trabajo.

El primer punto que se debe tratar es el equipo de costura. Con los nuevos accesorios y aditamentos de costura, se ha logrado que ésta sea más fácil y rápida. Ahora, la mayoría de las máquinas de coser tienen selectores automáticos para puntada de zigzag, puntadas elásticas y para hacer ojales, incluso las hay con tecnología computarizada para programar las puntadas. Las máquinas de coser permiten ahorrar el tiempo que requiere la costura a mano y que solía ser necesario para la confección de una prenda. Usted puede coser una prenda completamente a máquina, y ahorrar todavía más tiempo si utiliza los modernos accesorios de costura, como: pegamento para telas, cintas de hilván y entretelas fusionables.

El objetivo de una buena parte de este libro es que su proyecto de costura tenga un buen comienzo. En realidad, su plan, así como las decisiones que tome antes de empezar a coser, son tan importantes como el cuidado que usted pueda tener en la confección de la prenda. Tenga mucho cuidado al tomar las medidas, escoger la tela correcta para el patrón, comprar los artículos de sedería y la entretela convenientes, porque todos estos pasos influirán en el ajuste y la calidad del producto terminado. Lea los consejos y sugerencias que se hacen en la sección "Preparándose para empezar" antes de ir a la tienda de telas. Cuando regrese a casa, tómese el tiempo que sea necesario para preparar la tela y siga los demás pasos que se señalan en la sección "Cómo acomodar, marcar y cortar el patrón".

Un nuevo método para las técnicas fundamentales

En el resto del libro se describen las técnicas básicas que usted utilizará para casi todo lo que cosa. Este material está dividido en cinco secciones principales: puntadas, costuras, métodos para dar forma a la prenda, costuras visibles y botonaduras y cierres. En cada una de las secciones se presenta una introducción del tema, asimismo se explica con detalle el procedimiento para lograr los mejores resultados. A medida que usted ponga en práctica estas técnicas, pasarán a formar parte de sus conocimientos en costura, y usted estará lista para aplicarlas en futuros proyectos de costura.

Este no es un libro de "proyectos". No le va a dirigir en la confección de una prenda. Esta función corresponde al patrón. Este es un libro de consulta que le ofrece nuevos métodos y consejos, técnicas especiales para cierto tipo de telas y explicaciones más detalladas que las instrucciones de los patrones. El libro le brinda la oportunidad de escoger la técnica que mejor se ajuste a sus propósitos. En él se destacan los detalles que establecen la diferencia entre una prenda de confección casera y otra con acabado profesional. Los detalles de moda van y vienen, pero las técnicas fundamentales de costura pueden ser aplicadas en cualquier modelo.

Guía por pasos

Las fotografías le dan una mayor profundidad y dimensión a las instrucciones, ofreciéndole una imagen más clara de cada paso. En algunos casos se muestran las puntadas con hilo más grueso o de color contrastante para hacerlas más visibles. Algunas líneas de marcar también han sido amplificadas para mostrar con detalle un punto muy importante en el que hay que casar telas. Estas técnicas ilustradas no las debe reproducir usted en su costura.

Si usted apenas está aprendiendo a coser o se reinicia en esta labor después de haberla abandonado por mucho tiempo, querrá poner en práctica sus habilidades en un proyecto sencillo antes de empezar la confección de una prenda. Pruebe haciendo sencillos manteles individuales y servilletas para practicar una costura o un acabado, una nueva técnica para hacer dobladillos o la aplicación de entretela fusionable. Cuando esté lista para hacer una prenda, escoja uno de los modelos más sencillos, fáciles de ajustar, y que lleve menos costuras y detalles. Este libro está diseñado para ayudar e inspirar a la nueva costurera, a la costurera con experiencia o a la costurera que necesita práctica. Utilícelo como una guía por pasos tan sólo por la satisfacción y alegría que le preporcionará saber que su costura está bien hecha.

Equipo

La máquina de coser

La máquina de coser es la pieza más importante del equipo de costura, por lo tanto, seleccione una con mucho cuidado. Una máquina de coser fuerte y bien hecha le regalará muchos años de placer en la costura.

Si usted va a comprar una máquina nueva, existen en el mercado una gran variedad de modelos que se ajustan a cualquier presupuesto o necesidad de costura. Los modelos abarcan desde una máquina de zigzag básico con una o dos puntadas, hasta la máquina electrónica que utiliza avanzada tecnología computarizada para controlar y seleccionar puntadas.

Entre las piezas adicionales que se pueden adquirir encontramos el prensatelas para ojales integrado, el selector de puntadas con código de color, la reversa instantánea, el prensatelas de fijación a presión, el brazo móvil para la costura de pequeñas áreas redondas (tales como las piernas de los pantalones), el devanador de bobina integrado, el selector automático de presión y tensión, y el selector automático para el ajuste del largo de la puntada. Generalmente, cada pieza hace aumentar el costo de la máquina. Por ello, busque una máquina que se adapte a sus proyectos de costura. Compre una máquina que satisfaga sus necesidades de costura, pero no pague por accesorios que difícilmente utilizará. También,

tenga en cuenta la cantidad y el grado de dificultad de sus costuras, así como el numero de personas para las que cose. Platique con el personal de la tienda de telas y con amigos que cosen. Pida que le hagan demostraciones, y pruebe y compare varios modelos. Asegúrese de que la máquina de coser le brindará calidad en las hechuras, facilidad de manejo, así como también varias opciones de puntadas.

Otro factor que se debe tener en cuenta es el gabinete de la máquina de coser. Las máquinas portátiles tienen la ventaja de que se les puede trasladar a distintas áreas de trabajo. Las máquinas montadas en un gabinete han sido diseñadas a la altura correcta para coser. También le permiten mantener cierta organización, ya que le ofrecen un lugar adecuado para guardar el equipo de costura y tenerlo a la mano.

Aunque hay ciertas diferencias en las máquinas de coser en cuanto a capacidad y accesorios, todas tienen las mismas partes básicas y controles. En las páginas 14 y 15 se indica el equipo que usted necesitará para su máquina de coser.

En la siguiente página se muestran, en una máquina portátil, las partes principales de la máquina de coser; estas piezas se encuentran en todas las máquinas. Consulte el manual de su máquina para determinar la localización específica de estas piezas en su propia máquina.

Accesorios esenciales para la costura a máquina

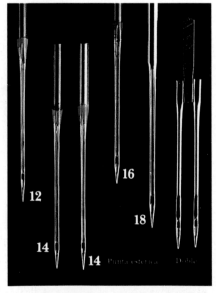

Las **agujas** se pueden adquirir en cuatro tipos básicos. *Las agujas puntiagudas* son ideales para coser cualquier tipo de tela. Las hay desde el número 9/65 (las más finas), hasta el número 18/110; *las agujas de punta esférica* son para telas elásticas y de punto (tamaños 9/65 hasta 16/110; *las agujas dobles* se usan para costuras decorativas; y *las agujas de punta biselada* (que no aparecen en la fotografía) se usan para coser piel y vinilo. Cambie la aguja después de haber cosido dos o tres prendas o si la maltrata con alfileres. Una aguja doblada, estropeada o despuntada maltrata la tela.

Los **hilos** para máquina de coser son de tres grosores. *El hilo extrafino* para telas delicadas y bordados a máquina, *el hilo común* que se usa para todo tipo de costura, y *el trozal para sobrepespuntes y para ojales*, que se usa para decorar y acentuar las puntadas. El hilo debe corresponder al grosor de la tela y al número de la aguja. Para que sea uniforme la tensión, utilice en la bobina y en la aguja hilo del mismo grosor y del mismo tipo.

Las **bobinas** vienen integradas a la máquina de coser o son removibles para su devanado. Las bobinas con portabobina integrado son devanadas en el portabobina. Las que no están integradas tienen un portabobina removible con un tornillo de ajuste para la tensión. La bobina puede devanarse en la parte superior del brazo de la máquina o a un lado de ésta. Empiece el devanado con una bobina vacía para que el hilo se enrolle parejo. No devane demasiado la bobina o se romperá el hilo.

Partes principales de la máquina de coser

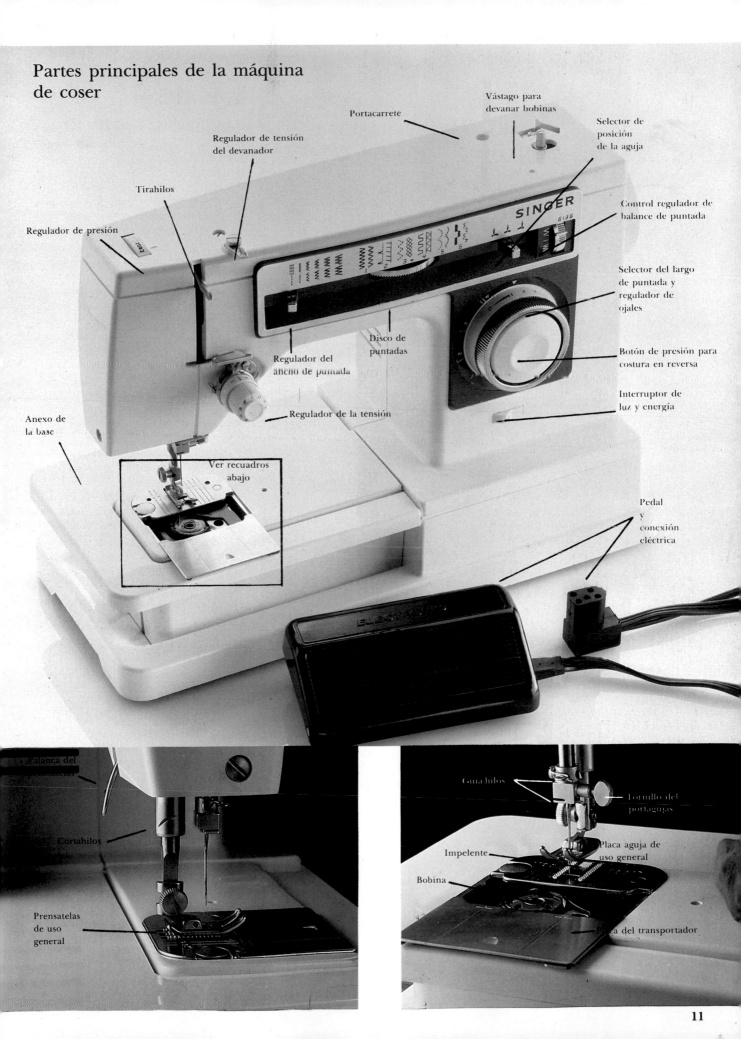

Portacarrete

Vástago para devanar bobinas

Selector de posición de la aguja

Regulador de tensión del devanador

Tirahilos

Regulador de presión

SINGER

Control regulador de balance de puntada

Selector del largo de puntada y regulador de ojales

Disco de puntadas

Regulador del ancho de puntada

Botón de presión para costura en reversa

Interruptor de luz y energía

Regulador de la tensión

Anexo de la base

Ver recuadros abajo

Pedal y conexión eléctrica

Palanca del

Guíahilos

Tornillo del portagujas

Cortahilos

Impelente

Placa aguja de uso general

Bobina

Prensatelas de uso general

Placa del transportador

Cómo lograr la puntada perfecta

Es fácil lograr la puntada perfecta a máquina si se ensarta adecuadamente y se hacen los ajustes correctos a la tensión, presión y largo de puntada. Estos ajustes dependen de la tela y del tipo de puntada que usted desee. Consulte el manual de su máquina para las instrucciones de ensartado y para la localización de controles. El *regulador del largo de puntada* viene calibrado en una escala en pulgadas, que va de 0 a 20; en una escala en milímetros, que va de 0 a 4; o en una escala numérica que va de 0 a 9. Para una puntada normal, ajuste el regulador para 10 a 12 puntadas por pulgada, o en el número 3 de las máquinas con escala milimétrica. En las máquinas con escala numérica, mientras más elevado sea el número, más larga será la puntada; si se desea una puntada más corta, marque un número más bajo. El número 5 corresponde al largo de puntada promedio.

Para una puntada perfecta, es necesario encontrar un fino equilibrio entre presión sobre la tela, movimiento del impelente y tensión en la formación de la puntada. En la puntada ideal, los hilos superior y de la bobina son jalados y penetran al mismo tiempo en la tela, entrelazándose éstos en un punto equidistante de las telas empalmadas.

El *regulador de la tensión de la puntada* determina el grado de presión en el hilo mientras pasa a través de la máquina. Con una presión excesiva se alimenta poco hilo para la puntada. Esto hace que la tela se frunza. Por el contrario, con una falta de presión se alimenta un exceso de hilo y la puntada es débil y floja.

En las telas delgadas, ajuste el *regulador de la presión* para una presión leve y aumente la presión en las telas gruesas. Una presión correcta asegura que mientras se cose, el paso de las capas de tela será uniforme. Algunas máquinas ajustan la tensión y la presión automáticamente a la tela.

Siempre rectifique la tensión y la presión en un retazo de tela antes de empezar a coser. Cuando ya haya probado la tensión y la presión, ensarte la aguja con hilos de colores diferentes, un color para el hilo superior y otro para el de la bobina, a fin de que sea más fácil distinguir el punto en que se entrelazan éstos.

Tensión y presión de la puntada recta

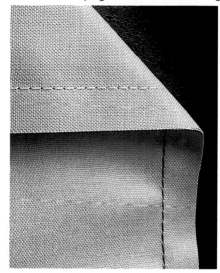

Con una **tensión y presión correctas,** los hilos de la puntada se entrelazan en el punto medio entre las capas de tela. La tensión y el largo de puntada se ven igual por ambos lados. Las capas de tela avanzan uniformemente a través del impelente y la tela no se daña.

Cuando hay demasiada tensión, los hilos de la puntada se entrelazan cerca de la capa superior de tela. La tela se frunce y las puntadas se rompen con facilidad. Ajuste el selector de tensión en un número menor. Si la presión es demasiado fuerte, la capa inferior de tela se frunce y se puede dañar. La tensión y el largo de puntada pueden ser desiguales. Ajuste el regulador de presión en un número menor.

Cuando la tensión es muy floja, los hilos se entrelazan cerca de la capa inferior de tela. La costura es débil. Corrija el problema ajustando el regulador de tensión en un número mayor. Cuando falta presión, hay saltos en las puntadas o éstas son disparejas, esto puede hacer que la tela se atore en el impelente. Ajuste el regulador de presión en un número mayor.

Tensión y presión de la puntada de zigzag

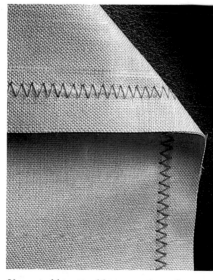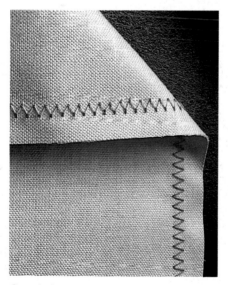

Una **presión y tensión correctas** en la costura de zigzag permiten que los hilos de la puntada se entrelacen en los picos de cada puntada, en el punto medio entre las dos capas de tela. Las puntadas quedan lisas y la tela no se frunce.

Cuando hay demasiada tensión la tela se frunce. Los hilos de la puntada se entrelazan cerca de la tela superior. Para corregir esto, disminuya la tensión. Una presión incorrecta no se nota tanto en la puntada de zigzag como en la recta. Pero si la presión no es correcta, el largo de puntada será disparejo.

Cuando la tensión es muy floja, la capa inferior de la tela se frunce y los hilos de la puntada se entrelazan cerca de la capa inferior de tela. Aumente la tensión para balancear la puntada. La puntada de zigzag debe balancearse adecuadamente en una costura normal. Para hacer una costura decorativa afloje un poco la tensión y la puntada superior se verá más redondeada.

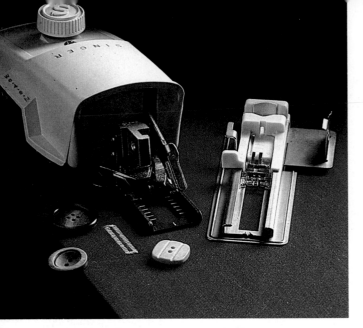

Accesorios de la máquina de coser para labores especiales

Toda máquina de coser tiene accesorios que permiten hacer una gran variedad de labores especiales. Existen accesorios de uso general que se ajustan a cualquier tipo de máquina, tales como el prensatelas para cierres, el prensatelas para ojales y distintos prensatelas para dobladillar. Otros accesorios, como el aditamento para holanes, han sido diseñados para ahorrar tiempo y trabajo en ciertos tipos especiales de costura.

Cuando adquiera un accesorio o un prensatelas para labores especiales, usted debe saber si su máquina tiene una caña alta, baja o sesgada. La *caña* comprende la distancia desde la parte inferior del prensatelas hasta el tornillo de fijación. Los tornillos de fijación han sido diseñados específicamente para ajustarse a uno de estos tres tipos de cañas.

La placa aguja para zigzag y el prensatelas de uso general normalmente vienen con la máquina. Otros accesorios que frecuentemente se incluyen son: la placa aguja y el prensatelas para costura recta, el prensatelas y los accesorios para ojales, el prensatelas para cierres, la guía de costuras, varios prensatelas para dobladillar, y el prensatelas *Even Feed*MR o el prensatelas con rodillos. En el manual de la máquina se explica cómo colocar los diferentes accesorios y cómo lograr los mejores resultados con cada uno.

Los **accesorios para ojales** permiten hacer éstos en un solo paso. Hay un tipo de éstos que puede coser y ajustar la longitud del ojal para que se ajuste al botón colocado en un transportador atrás del prensatelas. Cuando el botón mide más de 3.8 cm (1 ½ "), o es muy grueso o tiene una forma rara, utilice las líneas guía en vez del transportador. Otro tipo de prensatelas para ojales que se utiliza en las máquinas de puntadas rectas, hace los ojales automáticamente usando plantillas de varios tamaños. Los ojales de modista se pueden hacer con este accesorio.

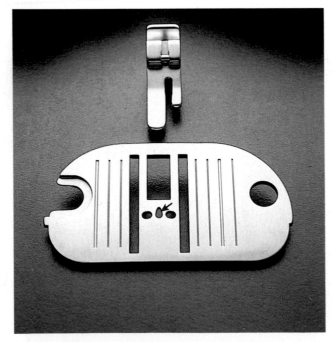

La **placa aguja** y el **prensatelas para puntada recta** se usan solamente para costuras rectas. El agujero para la aguja (flecha) en la placa, es pequeño y redondo. Estos dos accesorios nos permiten hacer movimientos con la aguja hacia los lados. Utilice éstos cuando su tela o su costura requieran de un buen control. Por ejemplo, para el pespunte de orillas o para hacer las puntas de los cuellos. También son útiles para telas finas y delicadas debido a que el pequeño agujero para la aguja impide que las telas delicadas se atoren en el impelente.

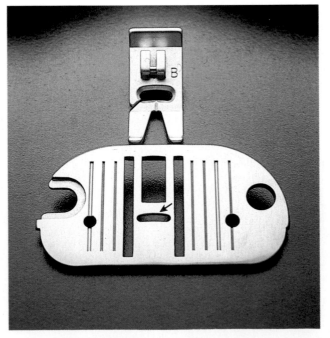

La **placa aguja** y el **prensatelas para zigzag** tienen un uso general en la máquina de zigzag. Se utilizan para costura de zigzag y para trabajo general; también se utilizan para puntadas rectas planas en telas rígidas. El agujero para la aguja (flecha) en la placa, es más ancho, y el prensatelas tiene un área más amplia para que pase la aguja, lo que permite mover éstas hacia los lados. Utilice esta placa aguja y el prensatelas para las costuras comunes.

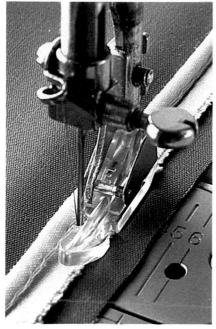

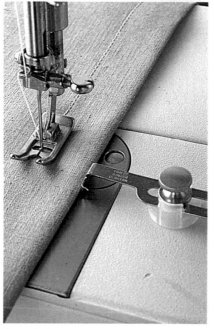

El **prensatelas para cierres** se utiliza para coser cordones, pegar cierres, hacer ojales ribeteados y pespuntear cualquier costura que esté más abultada de un lado que del otro. Se puede ajustar a cualquier lado de la aguja.

La **guía de costura** se ajusta a la placa de la máquina y ayuda a mantener parejas las pestañas de las costuras. Se ajusta a cualquier ancho de costura y se puede girar para coser costuras curvas.

El **prensatelas para dobladillo invisible** dobla el borde de la tela para hacer el dobladillo invisible en la máquina. Esta es una alternativa para no tener que hacer dobladillos a mano.

El **prensatelas Even Feed**^{MR} hace avanzar las telas juntas, para que las costuras empiecen y terminen exactamente igual. Utilícelo en las telas con pelillo, vinilo, telas de punto gruesas o para telas que tienden a pegarse, resbaladizas o que se estiran. Este prensatelas también es útil para sobrepespuntes y para coser tartanes.

El **prensatelas pegabotones** mantiene los botones planos en su lugar para coserlos con puntada de zigzag a máquina. Este prensatelas ahorra tiempo cuando se tienen que poner varios botones en una prenda.

El **prensatelas para sobrehilado** ayuda a mantener la amplitud de las puntadas y evita que las orillas planas se enrollen cuando se está sobrehilando. La puntada se forma por encima de un gancho que se localiza en la orilla interna del prensatelas.

Equipo básico

La costura básica está dividida en cinco pasos: medir, marcar, cortar, hilvanar a mano o a máquina y planchar. Para cada uno de estos pasos existen accesorios especiales que facilitan el trabajo y permiten obtener resultados óptimos. Vaya adquiriendo su equipo a medida que aumentan sus habilidades en costura.

Accesorios para la costura a mano

Las **agujas y alfileres** los puede encontrar en una gran variedad de tamaños y estilos para diferentes usos. Busque agujas y alfileres cobrizados inoxidables, de acero niquelado o de acero inoxidable. Busque alfileres de cabeza redonda y de color, en vez de alfileres de cabeza plana, ya que los de color son más fáciles de ver en la tela y es menos probable que se pierdan.

1) Las **agujas puntiagudas** sirven para cualquier trabajo, tienen una longitud media y es el tipo de aguja que más se usa.

2) Las **agujas para bordar** se utilizan comúnmente para el bordado. Son puntiagudas y tienen una longitud media.

3) Las **agujas de punta esférica** se utilizan en telas de punto. Al contrario de la aguja puntiaguda, que puede rasgar la tela, la aguja de punta esférica separa los puntos de la tela.

4) Las **agujas para acolchar** son muy cortas y tienen ojo redondo. Sirven muy bien para hacer puntadas pequeñas en telas gruesas o acolchadas.

5) Las **agujas para hilvanar** son largas con ojos redondos, se usan para hacer puntadas de hilván largas o para fruncidos.

6) Los **alfileres de modista** se utilizan para telas delgadas y semigruesas. Los hay de dos tamaños: el número 17, con una longitud de 2.6 cm (1¹/₁₆″), y el número 20, con una longitud de 3.2 cm (1 ¼ ″). Los tipos de alfileres se pueden adquirir con cabezas de plástico o de cristal. Los alfileres de modista extra finos son más fáciles de ver en la tela debido a su longitud.

7) Los **alfileres comunes cobrizados,** de acero o acero inoxidable se usan para todo tipo de costura. Comúnmente tienen una longitud de 2.6 cm (1¹/₁₆″).

8) Los **alfileres finos** sólo miden 2.5 cm (1″) de largo, y son para prender telas delicadas en la pestaña de la costura.

9) Los **alfileres para acolchar** tienen 3.2 cm (1¹/₄″) de largo, y se utilizan para telas gruesas.

10) Los **alfileres de punta redondeada** se utilizan para telas de punto.

11) El **dedal** protege al dedo medio durante la costura a mano. Los hay del número 6 (chico) al 12 (grande), según la talla de la persona.

12) El **alfiletero** es el mejor lugar para guardar los alfileres. Algunos alfileteros tienen una pelotita de esmeril (un material abrasivo) que sirve para limpiar alfileres y agujas. Un alfiletero de pulsera (**12a**) ayuda a tener los alfileres a la mano.

13) El **ensartador de agujas** facilita el ensartado del hilo en las agujas para la costura a mano o a máquina.

14) El **pan de cera** sirve para endurecer el hilo y evita que se enrede durante la costura a mano.

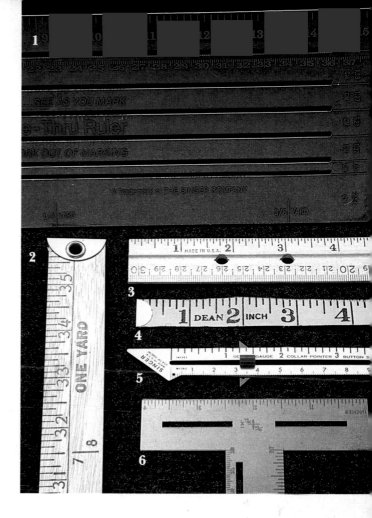

Accesorios para marcar

Los símbolos que se encuentran en una pieza de patrón son guías para la confección apropiada de una prenda. Para el ajuste y la costura de una prenda, es esencial transferir estos símbolos del patrón a la tela. Puesto que usted trabajará con diferentes tipos de telas, necesitará una variedad de accesorios para marcar.

1) Las **carretillas** son de dos tipos: dentadas o lisas. La carretilla dentada deja marcada una línea punteada. Esta carretilla es adecuada para casi todo tipo de telas, aunque podría maltratar las telas delicadas. La carretilla lisa protege las telas delicadas y suaves, como la seda y el chifón. Esta carretilla deja marcada una línea continua.

2) El **papel carbón para trazar,** es un papel carbón encerado especial que sirve para marcar las líneas de la carretilla a la tela. Escoja un color que se asemeje al de la tela, asegurándose de que usted lo puede ver con facilidad.

3) El **lápiz de greda** permite marcar con rapidez y facilidad, directamente sobre la tela. La greda se borra rápidamente, por lo tanto, úsela sólo cuando planee coser inmediatamente. El gis para profesional (**3a**) tiene dos pedazos de greda y permite marcar por ambos lados de la tela al mismo tiempo.

4) Los **plumines para marcar** agilizan la labor de marcar alforzas, pinzas, pliegues y la posición de las bolsas. Las marcas de algunos de estos plumines desaparecen en 48 horas, de otros, se lavan con agua, por lo cual no se deben usar en telas que se manchen con el agua. El planchado podría dejar las marcas permanentemente. Por lo tanto, quite las marcas antes de planchar el área.

Accesorios para medir

Para tomar las medidas del cuerpo y el patrón se requieren accesorios para medir. Para asegurar un ajuste perfecto, mida con frecuencia y precisión con el mejor accesorio para esta labor.

1) La **regla transparente** permite ver lo que uno mide y marca. Esta regla se utiliza para rectificar el hilo de la tela, y para marcar ojales, alforzas y pliegues.

2) La **regla de medir** es de uso general para marcar y medir la línea del hilo de la tela cuando se está acomodando el patrón. Debe ser lisa y de madera dura laqueada o de metal.

3) La **regla** generalmente se utiliza para marcar. Los tamaños más usuales son de 30.5 cm o de 46 cm (12″ ó 18″).

4) La **cinta métrica** tiene la flexibilidad necesaria para tomar las medidas del cuerpo. Escoja una de 150 cm (60″) con los extremos de metal, y que haya sido fabricada con un material que no se estire. Esta cinta debe estar graduada en ambas caras.

5) El **marcador deslizable de costuras** ayuda a medir con rapidez y precisión dobladillos, ojales, ondas y pliegues. Es una pequeña regla metálica o de plástico con marcador deslizable.

6) La **regla T transparente** se utiliza para localizar el hilo transversal de la tela, para alterar patrones y escuadrar orillas rectas.

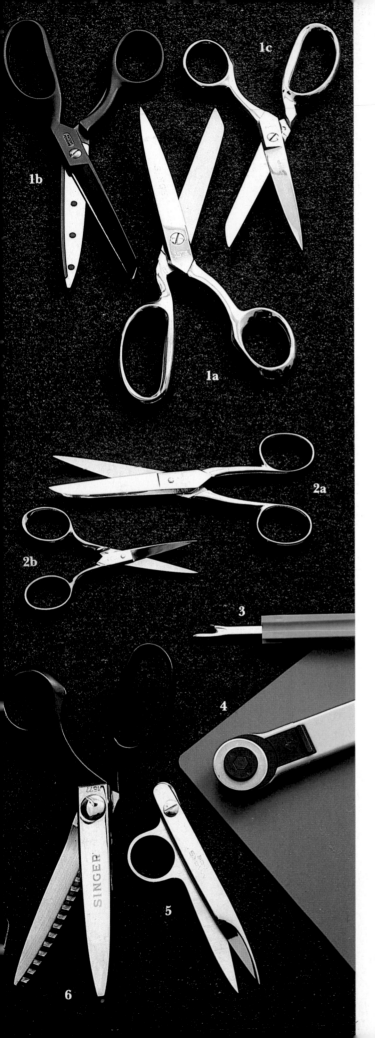

Accesorios para corte

Compre accesorios para corte de buena calidad y manténgalos en buen estado, llevándolos a afilar con un profesional calificado. Los mangos de las tijeras comunes son del mismo tamaño; las tijeras especiales para costura tienen un mango más largo que el otro. Las tijeras de mejor calidad son las de acero forjado de calidad superior, afiladas para tener un corte excelente. Las hojas de las tijeras deben estar ensambladas con un tornillo de ajuste (no remachadas), para asegurar una presión uniforme a lo largo de las hojas. Las tijeras puntiagudas y bien afiladas sirven para hacer cortes precisos y muescas bien definidas. Lo que es más importante, no maltratan las telas. Las tijeras sin filo impiden cortar con rapidez y cansan rápidamente la mano y la muñeca. Las tijeras de costura no deben usarse para otro tipo de labores caseras, como cortar papel y cordón. Para que las tijeras duren más, hay que aplicar una gota de aceite en el tornillo de ensamble, además, después de usarlas hay que limpiarlas con un paño seco y suave y guardarlas en una caja o bolsa.

1) Tijeras de modista con el mango en ángulo: son las mejores para cortar patrones, ya que el ángulo de la hoja inferior permite que la tela quede lisa sobre la superficie de corte. Las hojas más comunes miden 18 ó 20.5 cm (7″ u 8″), sin embargo, encontramos hojas que miden hasta 30.5 cm (12″). Por lo tanto, seleccione unas tijeras que vayan de acuerdo con el tamaño de su mano —las de hojas cortas son para manos pequeñas, las de hojas más largas son para manos grandes. También es posible adquirir tijeras especiales para personas zurdas. Si usted se dedica a la costura, invierta en un par de tijeras cromadas totalmente de acero (**1a**), que son ideales para cortar telas gruesas. Los modelos más ligeros con hojas de acero inoxidable y mangos de plástico (**1b**) son adecuados para cuando no se cose con mucha frecuencia o para telas delgadas. Para las telas sintéticas y las telas de punto resbalosas tenemos las tijeras dentadas (**1c**), que permiten un mayor control en el corte.

2) Las **tijeras de costura comunes (2a)** tienen una punta redondeada y la otra puntiaguda, las cuales sirven para recortar y desvanecer las pestañas de costuras y vistas. Las más prácticas son las de 15 cm (6″). Las tijeras para bordar (**2b**) miden 10 ó 12.5 cm (4″ ó 5″), y sus hojas son angostas y puntiagudas. Se utilizan para hacer trabajos a mano y para cortar con precisión.

3) El **descosedor** quita costuras, abre ojales y saca las puntadas con rapidez. Uselo con cuidado para evitar que maltrate la tela.

4) El **cortador giratorio** es una adaptación del cortador giratorio gigante que se utiliza en la industria del vestido. Funciona como un cortador de pizzas y lo pueden usar tanto personas zurdas como diestras. Use el cortador giratorio con la estera de plástico especial que puede adquirir en diferentes tamaños. La estera protege tanto la superficie donde se corta como la navaja. Este accesorio cuenta con un mecanismo de seguridad especial que repliega automáticamente la navaja.

5) El **cortahilos** con hojas de movimiento libre es más cómodo que las tijeras y más seguro que el descosedor.

6) Las **tijeras para ribetear en picos o en festón** cortan una orilla en zigzag o en festón en vez de una orilla recta. Se utilizan para el acabado de costuras y orillas sin sobrehilado en diferentes tipos de telas y permiten cortar orillas más resistentes al deshilachado.

Accesorios para planchar

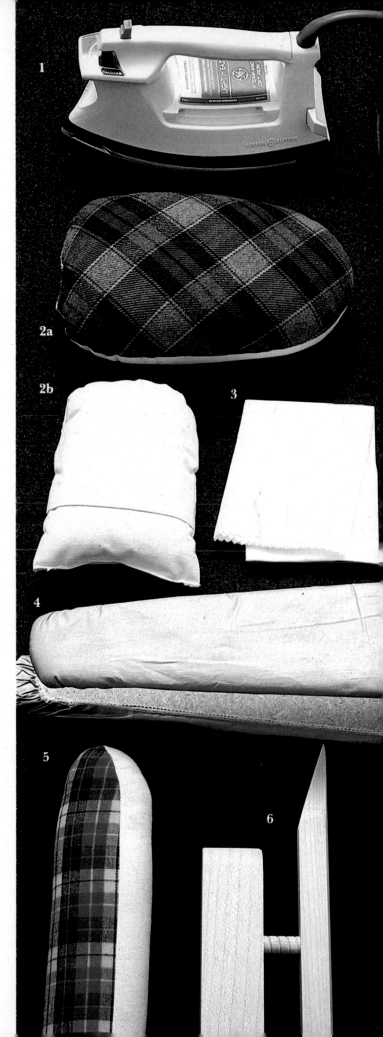

Planchar a presión mientras se cose es un procedimiento importante que a menudo se pasa por alto. Tal vez se le considere una interrupción innecesaria, pero hacerlo en cada paso de la confección, es el secreto para el acabado perfecto de una prenda.

Para facilitarse la labor de planchar, coloque su equipo de planchar cerca del área de costura. También es útil planchar por tandas. Para esto haga el mayor número posible de costuras a máquina. Después planche todas las costuras de una sola vez.

El planchado a presión no es como el planchado regular. En el segundo caso usted desliza la plancha sobre la tela. En el primero usted mueve la plancha muy poco mientras ésta hace contacto con la tela. Presione poco la plancha, y planche en la dirección del hilo de la tela. Levante la plancha para planchar otra sección de costura.

Normalmente, en el patrón se indica cuándo se debe planchar, pero la regla general es: abra y planche a presión cada costura antes de cruzarla con otra. Planche por el revés de la tela para evitar que ésta se abrillante y proteja la base de la plancha quitando los alfileres antes de planchar.

1) La **plancha de vapor rociadora** debe tener un amplio rango de temperaturas para que se ajuste a todo tipo de telas. Compre una plancha de marca conocida y confiable. Una plancha que vaporiza y rocía a cualquier temperatura, no sólo a temperaturas altas, es de gran utilidad para planchar telas sintéticas.

2) La **almohadilla o el guante de sastre** se utilizan para el planchado a presión en: costuras curvas, pinzas, cuellos y casquetes de las mangas. La almohadilla de sastre (**2a**) es un cojín muy compacto con curvas redondeadas. Un lado es de algodón; el otro está forrado de lana para retener más vapor. El guante de sastre (**2b**) es similar a la almohadilla, pero es especialmente útil para planchar áreas pequeñas y de difícil acceso. Se puede usar colocándolo en la mano o en el planchamangas.

3) El **lienzo para planchar** ayuda a evitar que la tela se abrillante y siempre se utiliza cuando se colocan entretelas fusionables. Un lienzo transparente permite ver si la tela está lisa y si la entretela está bien alineada.

4) El **planchamangas** se asemeja a dos pequeños burros de planchar, colocado uno sobre el otro. Se utiliza para planchar costuras y detalles de áreas pequeñas o angostas, tales como las mangas, las piernas de los pantalones o los escotes.

5) El **brazo de sastre** es un cojín cilíndrico compacto, que se usa para planchar costuras. La mayor parte de la tela cae a los lados de éste y nunca toca la plancha, evitando de este modo que la costura se marque por el lado derecho de la tela.

6) El **aplanador de costuras** es de madera dura y se utiliza para abrir y planchar las costuras en esquinas y puntas. El aplanador alisa las costuras al retener el vapor y el calor en la tela. Este accesorio se usa en sastrería para lograr un acabado plano y orillas lisas en las telas de superficie dura.

Equipo especial

Son muchos los accesorios especiales que han sido diseñados para facilitar las tareas de acomodar el patrón, armar y planchar la prenda. Entre más cosa usted, mayor necesidad tendrá de utilizar estos auxiliares. De la misma manera en que se preocupa por comprar artículos que le ahorren tiempo en la cocina y la limpieza del hogar, invierta en el equipo de costura que agilice los proyectos que usted tiene para su guardarropa y para la decoración de su casa.

Antes de usar un producto nuevo, lea con cuidado las instrucciones. Entérese qué manejo o cuidado especial se requiere, y en qué telas o con qué técnicas se le puede usar. Aquí le ofrecemos un panorama general de algunos de estos artículos especiales para la costura.

El **burro de planchar portátil** ahorra espacio. Es fácil de colocar cerca de la máquina de coser. Cuando se utiliza éste es posible mantener las piezas grandes de tela sobre la mesa, evitando así que se estiren o que arrastren en el suelo. También ayuda a formarse el hábito de planchar detalles mientras se cose.

La **vaporizadora manual** es una plancha de vapor ligera, que produce cantidades concentradas de vapor a una baja temperatura. No se requiere un lienzo para planchar, aun cuando se planche por el lado derecho de la tela. Se calienta en menos de dos minutos y es útil para planchar pinzas, costuras, pliegues y dobladillos.

Con el **pegamento** se evita el hilvanado o el prendido con alfileres, ya que con éste se mantienen unidas las telas, pieles, telas de fieltro, vinilo, adornos, bolsas de parche y cierres para su costura permanente. Utilícelo para trabajos manuales, así como también para costuras comunes. El pegamento es soluble en agua, por lo tanto las piezas quedan unidas temporalmente. El pegamento líquido se puede aplicar en pequeñas gotas en las pestañas de las costuras para mantener unidas las capas de tela.

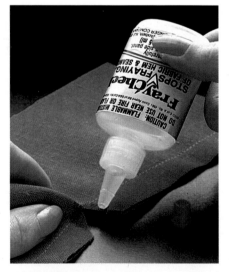

El **líquido para prevenir que se deshilache la tela** es un plástico líquido e incoloro que al endurecer la tela ligeramente, evita que se deshilache. Es útil cuando se ha rebajado demasiado la pestaña de una costura o cuando se quiere reforzar un bolsillo u ojal. Obscurece ligeramente los colores claros, por lo tanto, aplíquelo con cuidado. Este líquido permite dar un acabado permanente que resistirá el lavado en casa y la tintorería.

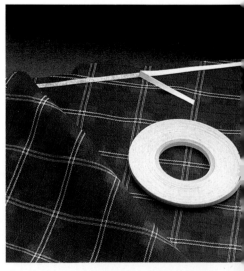

La **cinta para hilvanar** es adherible por ambas caras; con ella no hay que hilvanar a mano, ni prender con alfileres. Úsela en telas, piel, vinilo. Esta cinta es especialmente útil para casar rayas y tartanes, pegar cierres, bolsas y adornos. No cosa sobre la cinta, ya que el adhesivo puede ensuciar la aguja de la máquina.

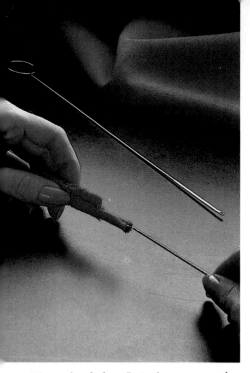

El **gancho de lengüeta** tiene un gancho entreabierto en la punta para sujetar las cintas cosidas en tubo o para sujetar los cordones y poder voltearlos al derecho. Es más fácil y rápido utilizar este accesorio que poner un alfiler de seguridad en un extremo y luego pasarlo a través de la costura. Ya que el alambre es muy delgado, sólo puede usarse para las cintas angostas cosidas en tubo y para las presillas de botones.

Con el **pasacintas** se pasan listones, elásticos y cordones a través de una jareta sin que se tuerzan. Algunos pasacintas tienen un ojo a través del cual se ensarta el listón o el elástico; otros tienen unas pinzas o un broche como los alfileres de seguridad, con el cual se prende el elástico. El pasacintas de la foto tiene un anillo deslizable para apretar los dientes de las pinzas.

La **plegadera de madera** voltea las esquinas en los cuellos, solapas y bolsillos de hechuras sastre sin tener que arriesgarse a rasgar la tela. Está hecha de madera o plástico, su punta entra perfectamente en las esquinas. Use la punta para quitar hilvanes y el extremo redondeado para abrir las líneas de costura y plancharlas.

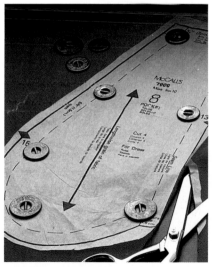

La **tabla plegable para corte** ayuda a proteger el acabado de una mesa elegante de las marcas ocasionadas por alfileres o tijeras. También evita que la tela se resbale cuando se está cortando, y sostiene la tela con mayor seguridad. Clave los alfileres en la tabla para que sea más rápido el prendido con alfileres, escuadre la tela con las líneas marcadas y utilice los cuadros de 2.5 cm (1″) como una medida rápida. Los accesorios plegables son fáciles de guardar.

Los **pisatelas** mantienen en su lugar el patrón que se va a cortar. Con ellos se ahorra uno el tiempo que requiere el prendido con alfileres y se protege a las telas que pueden quedar permanentemente marcadas por los alfileres. Los pisatelas se usan con mayor facilidad en las piezas pequeñas del patrón. Algunas personas utilizan latas de conservas en lugar de los pisatelas comerciales.

El **alfiletero magnético** y el **alfiletero de cojín** mantienen todos los alfileres de acero en su lugar. El alfiletero magnético se fija a la placa aguja de la máquina para que atrape los alfileres a medida que se les va desprendiendo. El alfiletero magnético es más cómodo que el alfiletero ordinario y es más práctico para recoger los alfileres del suelo.

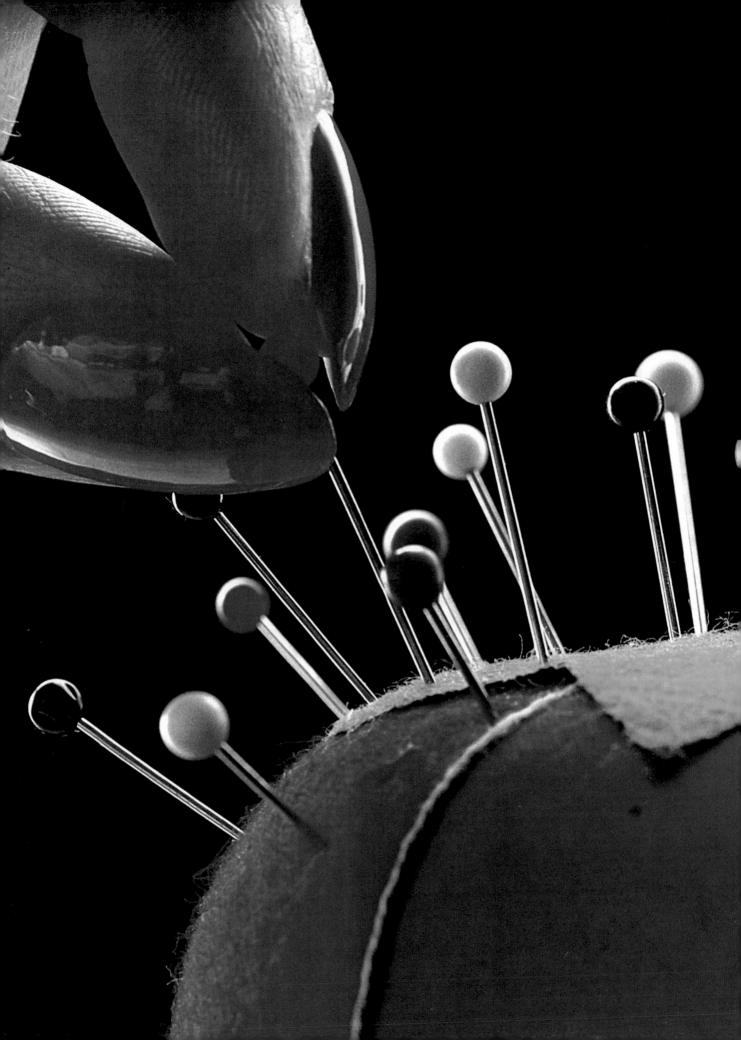

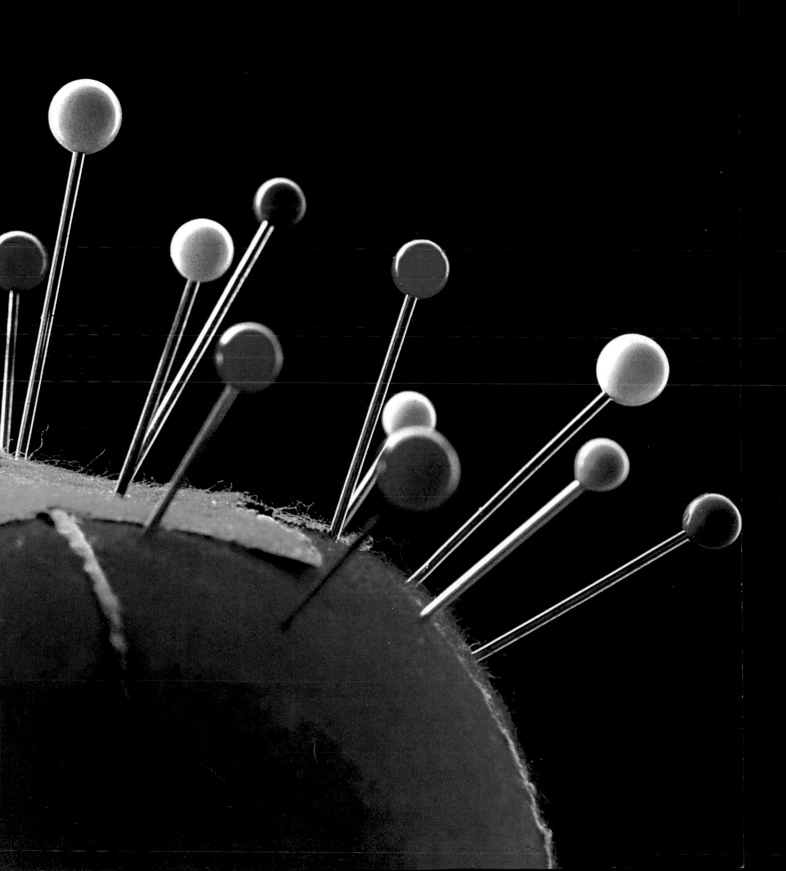

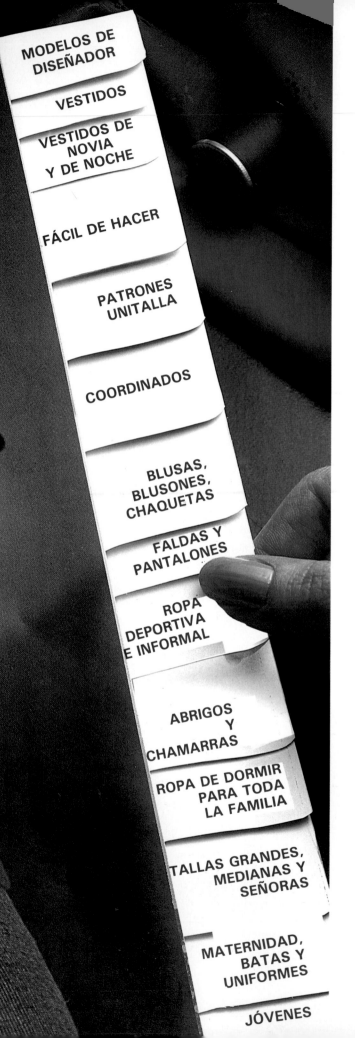

MODELOS DE DISEÑADOR

VESTIDOS

VESTIDOS DE NOVIA Y DE NOCHE

FÁCIL DE HACER

PATRONES UNITALLA

COORDINADOS

BLUSAS, BLUSONES, CHAQUETAS

FALDAS Y PANTALONES

ROPA DEPORTIVA E INFORMAL

ABRIGOS Y CHAMARRAS

ROPA DE DORMIR PARA TODA LA FAMILIA

TALLAS GRANDES, MEDIANAS Y SEÑORAS

MATERNIDAD, BATAS Y UNIFORMES

JÓVENES

El patrón

Es más creativo trabajar con un catálogo de patrones que con un catálogo de ropa de línea. En un catálogo de patrones, usted puede elegir la tela, el color, el largo de la falda o los botones y no se le limita a comprar sólo lo que usted ve en las páginas de los catálogos. Usted es el diseñador de su propia moda. Puede escoger las combinaciones que más le agraden y que expresen su estilo personal de vestir.

La selección de patrones nunca había sido más fácil. Los modelos de diseñadores aparecen en la misma temporada que en el catálogo de la ropa de línea. En el catálogo de patrones se pueden encontrar prendas de hechura fácil para las personas que disponen de poco tiempo. También hay patrones para accesorios, patrones para la decoración del hogar, patrones para trajes de noche, modas para caballeros y niños, y casi todo tipo de prendas para mujeres o niñas.

El catálogo de patrones está dividido por tallas o modas, y cada sección está separada por un señalador en orden alfabético. Los estilos de última moda suelen aparecer en las primeras páginas de cada sección. Al lado de las ilustraciones se presenta la información necesaria para el patrón, como el tipo de tela recomendado y la cantidad requerida. El índice está al final del catálogo e incluye los patrones por orden de número y página en que aparecen. Al final del catálogo se encuentra también un cuadro de medidas, con las tallas para cada tipo de figura para hombres, mujeres, niños o bebés.

Procure que el grado de dificultad de la confección del patrón esté de acuerdo con su propia experiencia. Para que tenga éxito, seleccione un patrón que vaya de acuerdo con su habilidad en la costura. Si dispone de poco tiempo o paciencia, entonces trabaje sólo con modelos sencillos.

El número de las piezas del patrón, que se indica en el reverso del sobre, puede dar una idea del grado de dificultad de la prenda. Entre menos piezas tenga un patrón, más fácil será la confección. Detalles como los puños camiseros, los cuellos con corbata, las alforzas y pliegues, también dificultan más la confección de un patrón. Los patrones "fáciles de hacer" tienen pocos detalles.

Todas las compañías que fabrican patrones tienen una clasificación por tallas estándar, basada en medidas corporales estándar. Esto no sucede con la ropa de línea. Para seleccionar la talla correcta del patrón, primero deben tomarse sus medidas corporales. Para mayor exactitud, conviene hacerlo en ropa interior y usar una cinta métrica que no se estire. Además, es conveniente que otra persona le tome las medidas. Después, compárelas con el cuadro que se presenta en la página 27.

Cómo tomar las medidas del cuerpo

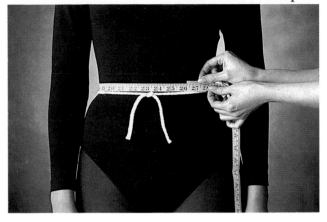

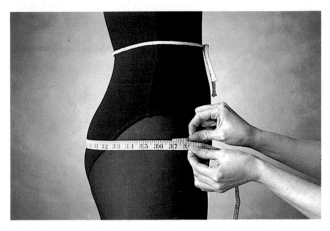

1) Cintura. Atese un cordón o un elástico en la parte media del cuerpo y deje que éste se deslice hasta la cintura natural. Tome la medida en este lugar con una cinta métrica. Deje en su lugar el cordón como punto de referencia para medir las caderas y el largo de la espalda.

2) Caderas. Mida alrededor de la parte más prominente de las caderas. Generalmente es de 18 a 23 cm (7″ a 9″) por abajo de la cintura, dependiendo de la estatura.

3) Ancho del tórax. Coloque la cinta métrica por debajo de los brazos, alrededor de la parte más ancha de la espalda y por arriba de la parte más prominente del busto. Las tablas de tallas del patrón no incluyen esta medida, pero es necesario compararla con la del busto para elegir la talla correcta del patrón.

4) Busto. Coloque la cinta métrica por debajo de los brazos, pasando por la parte más ancha de la espalda y en la parte más prominente del busto. Nota: si existe una diferencia de 5 cm (2″) o más entre el busto y el ancho del tórax, entonces elija la talla del patrón guiándose por la medida del ancho del tórax.

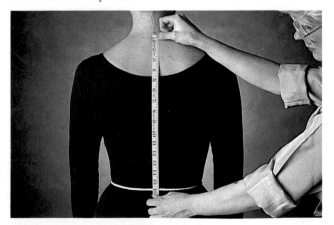

5) Largo de la espalda. Mida desde el hueso más prominente de la base del cuello hasta el cordel en la cintura.

6) Altura. Tómese esta medida descalza. Párese apoyando la espalda en una pared. Coloque una regla en la parte superior de la cabeza y haga una marca en la pared. Mida la distancia desde la marca hasta el piso.

Tipos de figuras femeninas

Jovencitas/ Quinceañeras (Young Junior Teen)
Entre 1.55 y 1.60 m (5′1″ y 5′3″) de altura. En desarrollo, con busto pequeño y erguido. En proporción con el busto, la cintura es más ancha.

Jovencita pequeña (Junior Petite)
Entre 1.53 y 1.55 m (5′ y 5′3″) de altura. Bien desarrollada; figura más corta, complexión menor y largo de la espalda más corto que una jovencita.

Jovencita (Junior)
Entre 1.63 y 1.65 m (5′4″ y 5′5″) de altura. Figura bien desarrollada, altura y largo de la espalda ligeramente menores que la Señorita.

Señoritas pequeñas (Miss Petite)
Entre 1.57 y 1.63 m (5′2″ y 5′4″) de altura. Figura más corta pero bien desarrollada y proporcionada. Con el largo de espalda más corto y la cintura ligeramente más ancha que una Señora.

Señorita (Miss)
Entre 1.65 y 1.68 m (5′5″ y 5′6″) de altura. Bien desarrollada y bien proporcionada. Se le considera la figura promedio.

Medias tallas (Half-size)
Entre 1.57 y 1.60 m (5′2″ y 5′3″) de altura. Totalmente desarrollada pero más baja que una Señorita. Los hombros son más angostos que en una Señorita pequeña. En proporción al busto, la cintura es más ancha que en Señoras.

Señoras (Woman)
Entre 1.65 y 1.68 m (4′5″ y 5′6″) de altura. Altura similar a Señoritas, pero en general es más gruesa. Por lo que todas las demás medidas son proporcionalmente mayores.

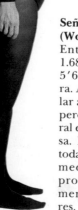

Maternidad (Maternity)
Las tallas de maternidad corresponden a tallas de Señoritas. Las medidas corresponden a una figura con cinco meses de embarazo, pero los patrones están diseñados para proporcionar la amplitud necesaria hasta el noveno mes de embarazo.

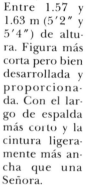

Cuadro de tallas de la figura femenina

Para escoger el patrón de la talla correcta tómese las medidas tal como se explica en la página 25. Después, determine el tipo de figura que más se aproxima al suyo, utilizando las descripciones que se dan en la página anterior. Identifique su tipo de figura en la tabla inferior. Localice la columna de tallas que más se aproximen a sus medidas. Para elegir los patrones de vestidos, blusas y trajes, hágalo de acuerdo con sus medidas del busto; para pantalones y faldas, elíjalos de acuerdo con sus medidas de cadera.

Pulgadas

Jovencitas/Quinceañeras:

Talla	5/6	7/8	9/10	11/12	13/14	15/15
Busto	28	29	30½	32	33½	35
Cintura	22	23	24	25	26	27
Caderas	31	32	33½	35	36½	38
Largo del talle, espalda	13½	14	14½	15	15 3/8	15¾

Jovencitas pequeñas:

Talla	3jp	5jp	7jp	9jp	11jp	13jp
Busto	30	31	32	33	34	35
Cintura	22	23	24	25	26	27
Caderas	31	32	33	34	35	36
Largo del talle, espalda	14	14¼	14½	14¾	15	15¼

Jovencitas:

Talla	5	7	9	11	13	15
Busto	30	31	32	33½	35	37
Cintura	22½	23½	24½	25½	27	29
Caderas	32	33	34	35½	37	39
Largo del talle, espalda	15	15¼	15½	15¾	16	16¼

Señoritas pequeñas:

Talla	6mp	8mp	10mp	12mp	14mp	16mp
Busto	30½	31½	32½	34	36	38
Cintura	23½	24½	25½	27	28½	30½
Caderas	32½	33½	34½	36	38	40
Largo del talle, espalda	14½	14¾	15	15¼	15½	15¾

Señoritas:

Talla	6	8	10	12	14	16	18	20
Busto	30½	31½	32½	34	36	38	40	42
Cintura	23	24	25	26½	28	30	32	34
Caderas	32½	33½	34½	36	38	40	42	44
Largo del talle, espalda	15½	15¾	16	16¼	16¾	17	17¼	

Medias tallas:

Talla	10½	12½	14½	16½	18½	20½	22½	24½
Busto	33	35	37	39	41	43	45	47
Cintura	27	29	31	33	35	37½	40	42½
Caderas	35	37	39	41	43	45½	48	50½
Largo del talle, espalda	15	15¼	15½	15¾	15 7/8	16	16½	16¼

Señoras:

Talla	38	40	42	44	46	48	50	52
Busto	42	44	46	48	50	52	54	56
Cintura	35	37	39	41½	44	46½	49	51½
Caderas	44	46	48	50	52	54	56	58
Largo del talle, espalda	17¼	17 3/8	17½	17 5/8	17¾	17 7/8	18	18 1/8

Maternidad

Talla	6	8	10	12	14	16
Busto	34	35	36	37½	39½	41½
Cintura	28½	29½	30½	32	33½	35½
Caderas	35½	36½	37½	39	41	43
Largo del talle, espalda	15½	15¾	16	16¼	16½	16¾

Centímetros

Jovencitas/Quinceañeras

Talla	5/6	7/8	9/10	11/12	13/14	15/16
Busto	71	74	78	81	85	89
Cintura	56	58	61	64	66	69
Caderas	79	81	85	89	93	97
Largo del talle, espalda	34.5	35.5	37	38	39	40

Jovencitas pequeñas:

Talla	3jp	5jp	7jp	9jp	11jp	13jp
Busto	76	79	81	84	87	89
Cintura	56	58	61	64	66	69
Caderas	79	81	84	87	89	92
Largo del talle, espalda	35.5	36	37	37.5	38	39

Jovencitas:

Talla	5	7	9	11	13	15
Busto	76	79	81	85	89	94
Cintura	57	60	62	65	69	74
Caderas	81	84	87	90	94	99
Largo del talle, espalda	38	39	39.5	40	40.5	41.5

Señoritas pequeñas:

Talla	6mp	8mp	10mp	12mp	14mp	16mp
Busto	78	80	83	87	92	97
Cintura	60	62	65	69	73	78
Caderas	83	85	88	92	97	102
Largo del talle, espalda	37	37.5	38	39	39.5	40

Señoritas:

Talla	6	8	10	12	14	16	18	20
Busto	78	80	83	87	92	97	102	107
Cintura	58	61	64	67	71	76	81	87
Caderas	83	85	88	92	97	102	107	112
Largo, del talle, espalda	39.5	40	40.5	41.5	42	42.5	43	44

Medias tallas:

Talla	10½	12½	14½	16½	18½	20½	22½	24½
Busto	84	89	94	99	104	109	114	119
Cintura	69	74	79	84	89	96	102	108
Caderas	89	94	99	104	109	116	122	128
Largo del, talle, espalda	38	39	39.5	40	40.5	40.5	41	41.5

Señoras:

Talla	38	40	42	44	46	48	50	52
Busto	107	112	117	122	127	132	137	142
Cintura	89	94	99	105	112	118	124	131
Caderas	112	117	122	127	132	137	142	147
Largo del talle, espalda	44	44	44.5	45	45	45.5	46	46

Maternidad

Talla	6	8	10	12	14	16
Busto	87	89	92	95	100	105
Cintura	72	75	77.5	81	85	90
Caderas	90	93	95	99	104	109
Largo del talle, espalda	39.5	40	40.5	41.5	42	42.5

El sobre del patrón

El sobre del patrón contiene una gran cantidad de información. Abarca desde la descripción de la prenda hasta la cantidad de tela que se necesita para la confección. Da ideas para la selección de telas y colores. El sobre nos ayuda a determinar el grado de dificultad de la prenda por medio de anotaciones que indican si el modelo es un original de diseñador, si es fácil de hacer o si solamente puede usarse en ciertos tipos de telas. En el sobre del patrón también encontrará usted toda la información necesaria para seleccionar la tela y los artículos de mercería que necesite.

Frente del sobre del patrón

La **talla** y el **tipo de figura** se indican en la parte superior o al lado del patrón. Si el patrón es para varias tallas, por ejemplo, 8-10-12, usted encontrará las líneas de corte para las tres tallas en un solo patrón.

El **nombre de la compañía fabricante del patrón** y el **número del modelo** se muestran en letras y números muy grandes en la parte superior o a un lado del sobre del patrón.

Los **patrones originales de diseñador,** que se indican por medio del nombre del diseñador, generalmente contienen detalles más difíciles de coser, por ejemplo, alforzas, sobrepespuntes y forros. Para las personas que tienen el tiempo y la habilidad, estos patrones les proporcionan modelos de diseñadores que superan con mucho a la ropa de línea.

Los **estilos** del patrón son variantes del modelo principal. Pueden mostrar adornos y largos opcionales, combinaciones de telas o detalles del modelo que pueden llamar la atención a una principiante o someter a prueba la habilidad de una modista con experiencia.

Las **notas** aclaran si el patrón es de confección sencilla, si está diseñado para ahorrar tiempo en la costura, si tiene ajuste especial o información relacionada con la talla, o bien, si muestra cómo manejar cierto tipo de telas, como las telas a cuadros, de punto o los encajes. Cada compañía de patrones tiene categorías especiales y nombres para estos modelos.

La **fotografía o dibujo del modelo** muestra el modelo principal del patrón. Indica cuáles son los tipos más adecuados de tela, como la lana o el algodón, y los motivos de las telas, por ejemplo, estampadas o a cuadros. Si usted no está segura de qué tipo de tela escoger, use como guía la ilustración del patrón en la compra de su tela. Representa la idea del diseñador para ese modelo.

SIZE 10 MISS

6157

$**4**00 USA

PATTERN

Designer

BONUS—Pattern includes special chart on how to work with plaids.

Reverso del sobre del patrón

El **trasero del patrón** muestra los detalles y el estilo del trasero de las prendas.

El **número de piezas** nos da una idea de cuán fácil o complicada puede ser la confección del modelo.

El **número del modelo** también lo encontramos en el reverso del sobre.

La **descripción de la prenda** incluye información acerca del estilo, el ajuste y la confección de la misma.

Los **tipos de telas recomendadas** para la prenda. Use esta información como guía para la selección de la tela. Los consejos especiales, como "inadecuado para rayas o tejidos diagonales obvios", le alertan acerca de las telas que no son apropiadas para ese tipo de modelo.

La **tabla de tallas y medidas del cuerpo** le servirá para determinar si necesita hacer alguna modificación. En el caso de un patrón para varias tallas, compare sus medidas con las que aparecen en la tabla para decidir qué línea de corte seguir.

Las **equivalencias métricas** de las medidas del cuerpo y de las medidas en yardas se incluyen para aquellos países cuyo sistema de medición es el sistema métrico.

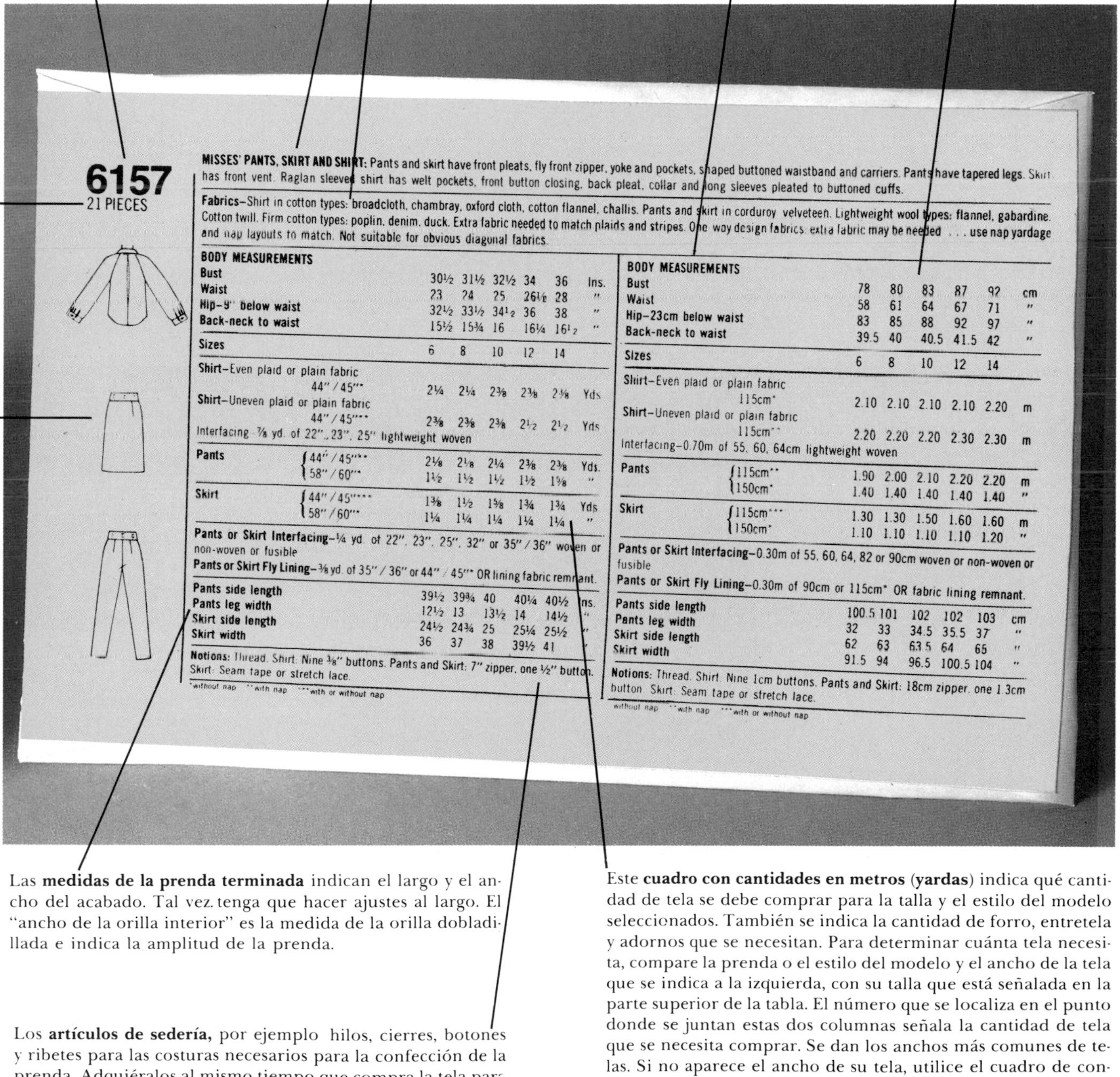
6157
21 PIECES
MISSES' PANTS, SKIRT AND SHIRT: Pants and skirt have front pleats, fly front zipper, yoke and pockets, shaped buttoned waistband and carriers. Pants have tapered legs. Skirt has front vent. Raglan sleeved shirt has welt pockets, front button closing, back pleat, collar and long sleeves pleated to buttoned cuffs.
Fabrics–Shirt in cotton types: broadcloth, chambray, oxford cloth, cotton flannel, challis. Pants and skirt in corduroy velveteen. Lightweight wool types: flannel, gabardine. Cotton twill. Firm cotton types: poplin, denim, duck. Extra fabric needed to match plaids and stripes. One way design fabrics: extra fabric may be needed . . . use nap yardage and nap layouts to match. Not suitable for obvious diagonal fabrics.
BODY MEASUREMENTS
Bust 30½ 31½ 32½ 34 36 Ins.
Waist 23 24 25 26½ 28 "
Hip–9" below waist 32½ 33½ 34½ 36 38 "
Back-neck to waist 15½ 15¾ 16 16¼ 16½ "
Sizes 6 8 10 12 14
Shirt–Even plaid or plain fabric 44"/45"* 2¼ 2¼ 2⅜ 2⅜ 2⅜ Yds
Shirt–Uneven plaid or plain fabric 44"/45"** 2⅜ 2⅜ 2⅜ 2½ 2½ Yds
Interfacing ⅞ yd. of 22", 23", 25" lightweight woven
Pants 44"/45"** 2⅛ 2⅛ 2¼ 2⅜ 2⅜ Yds.
58"/60"* 1½ 1½ 1½ 1½ 1⅝ "
Skirt 44"/45"*** 1⅜ 1½ 1⅝ 1¾ 1¾ Yds
58"/60"* 1¼ 1¼ 1¼ 1¼ 1¼ "
Pants or Skirt Interfacing–¼ yd. of 22", 23", 25", 32" or 35"/36" woven or non-woven or fusible
Pants or Skirt Fly Lining–⅜ yd. of 35"/36" or 44"/45"* OR lining fabric remnant.
Pants side length 39½ 39¾ 40 40¼ 40½ Ins.
Pants leg width 12½ 13 13½ 14 14½ "
Skirt side length 24½ 24¾ 25 25¼ 25½ "
Skirt width 36 37 38 39½ 41 "
Notions: Thread. Shirt: Nine ⅜" buttons. Pants and Skirt: 7" zipper, one ½" button. Skirt: Seam tape or stretch lace.
*without nap **with nap ***with or without nap
BODY MEASUREMENTS
Bust 78 80 83 87 92 cm
Waist 58 61 64 67 71 "
Hip–23cm below waist 83 85 88 92 97 "
Back-neck to waist 39.5 40 40.5 41.5 42 "
Sizes 6 8 10 12 14
Shirt–Even plaid or plain fabric 115cm* 2.10 2.10 2.10 2.10 2.20 m
Shirt–Uneven plaid or plain fabric 115cm** 2.20 2.20 2.20 2.30 2.30 m
Interfacing–0.70m of 55, 60, 64cm lightweight woven
Pants 115cm** 1.90 2.00 2.10 2.20 2.20 m
150cm* 1.40 1.40 1.40 1.40 1.40 "
Skirt 115cm*** 1.30 1.30 1.50 1.60 1.60 m
150cm* 1.10 1.10 1.10 1.10 1.20 "
Pants or Skirt Interfacing–0.30m of 55, 60, 64, 82 or 90cm woven or non-woven or fusible
Pants or Skirt Fly Lining–0.30m of 90cm or 115cm* OR fabric lining remnant.
Pants side length 100.5 101 102 102 103 cm
Pants leg width 32 33 34.5 35.5 37 "
Skirt side length 62 63 63.5 64 65 "
Skirt width 91.5 94 96.5 100.5 104 "
Notions: Thread. Shirt: Nine 1cm buttons. Pants and Skirt: 18cm zipper, one 1.3cm button. Skirt: Seam tape or stretch lace.
*without nap **with nap ***with or without nap

Las **medidas de la prenda terminada** indican el largo y el ancho del acabado. Tal vez tenga que hacer ajustes al largo. El "ancho de la orilla interior" es la medida de la orilla dobladillada e indica la amplitud de la prenda.

Los **artículos de sedería,** por ejemplo hilos, cierres, botones y ribetes para las costuras necesarios para la confección de la prenda. Adquiéralos al mismo tiempo que compra la tela para asegurarse de que los colores combinan.

Este **cuadro con cantidades en metros (yardas)** indica qué cantidad de tela se debe comprar para la talla y el estilo del modelo seleccionados. También se indica la cantidad de forro, entretela y adornos que se necesitan. Para determinar cuánta tela necesita, compare la prenda o el estilo del modelo y el ancho de la tela que se indica a la izquierda, con su talla que está señalada en la parte superior de la tabla. El número que se localiza en el punto donde se juntan estas dos columnas señala la cantidad de tela que se necesita comprar. Se dan los anchos más comunes de telas. Si no aparece el ancho de su tela, utilice el cuadro de conversiones que se encuentra en el reverso del catálogo de patrones. En algunos patrones se indica la cantidad extra de tela que se requiere para las telas con pelillo o de cuadros asimétricos.

Contenido del sobre del patrón

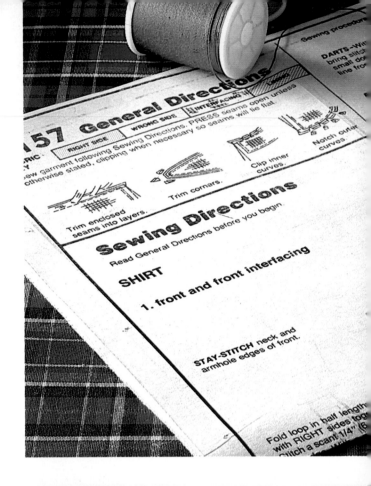

Al abrir el sobre del patrón encontrará las piezas impresas del patrón, así como la hoja de instrucciones que le guiará, paso por paso, en la confección de su prenda. *Antes de cortar o coser* algo, lea la hoja de instrucciones. Usela para planear y organizar su tiempo de costura, y para que esté al tanto de las técnicas que necesitará conocer a medida que avanza.

Las variantes de un mismo modelo están marcadas con números o letras. Los patrones que incluyen varias prendas diferentes, como una falda, un saco y pantalones (*patrones de coordinados*) sólo ofrecen, en general, una versión de cada prenda. En este caso, cada prenda está identificada sólo con su nombre. Todas las piezas del patrón están marcadas con un número y nombre, tal como *delantero falda*.

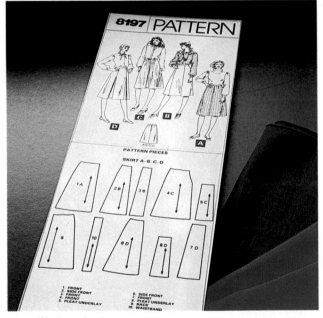

Los dibujos de los modelos y de los distintos estilos están ilustrados claramente en la hoja de instrucciones, aparecen tal y como se muestran en el frente del sobre o como dibujos de línea detallados. Algunos patrones ilustran cada prenda por separado, con las piezas del patrón que se utilizaron en su confección. La mayoría de los patrones ilustran todas las piezas juntas, con una clave para identificar las piezas que se usarán para cada prenda o variante del modelo.

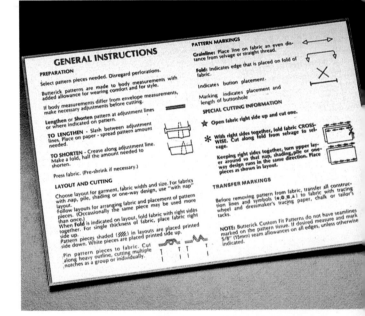

Las instrucciones generales se presentan a la manera de un cursillo de repaso. Estas instrucciones pueden tener un nombre diferente en cada marca de patrones, pero en general contienen consejos acerca de cómo usar el patrón. También incluyen información acerca de cómo preparar la tela y cómo acomodar el patrón; explican el significado de las marcas del patrón: sugieren cómo acomodar, marcar y cortar el patrón, también incluyen un pequeño glosario de términos de costura. Los patrones "fáciles de hacer" y para principiantes a menudo incluyen estas sugerencias en las instrucciones paso por paso.

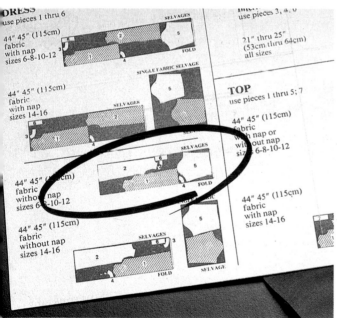

Los diagramas para corte se muestran para cada variante del modelo. Difieren de acuerdo con el ancho de la tela, la talla del patrón y si la tela es con o sin sentido único (o con pelillo). También se incluyen los diagramas para el corte de entretelas y forros. Cuando la tela se tiene que cortar en una sola capa o a contrahilo (a lo ancho de la tela), el diagrama para el corte indica esto con un símbolo, que se explica en las instrucciones generales del patrón. Una pieza del patrón con el derecho hacia arriba se ilustra sin sombra; cuando el revés va hacia arriba, la pieza está sombreada o va encerrada en un círculo. Encierre en un círculo el diagrama de corte adecuado para la tabla del patrón, ancho de la tela y el modelo elegido.

Las instrucciones para coser son una guía paso por paso para la confección de la prenda, de acuerdo con las distintas variantes del modelo. Además, cada instrucción es un dibujo que ilustra las técnicas de costura. Normalmente, el lado derecho de la tela aparece sombreado, y el revés aparece en blanco. Cuando se trata de entretelas, éstas están indicadas con áreas punteadas. Las instrucciones y el dibujo le dan una idea clara de lo que hay que hacer. Recuerde que éstas son solamente instrucciones generales del patrón. Una técnica alternativa podría ser más efectiva para el tipo de tela que usted esté utilizando.

Las piezas del patrón

Podría pensarse que las piezas de papel del patrón están marcadas con una clave secreta, pero al igual que las señales de las carreteras internacionales, estos símbolos internacionales son usados por todas las compañías fabricantes de patrones. Los símbolos del patrón se utilizan desde el momento en que se acomoda el patrón para cortarlo hasta el momento en que se termina de coser el dobladillo o cuando se coloca el último botón.

Las piezas del patrón tienen instrucciones y símbolos. Siga éstos con el mismo cuidado que seguiría las indicaciones en la hoja de instrucciones.

No es necesario pasar a la tela los símbolos para acomodar el patrón o los símbolos de corte, como el hilo de la tela. Los símbolos de confección deben de ser marcados en la tela para armar con exactitud la prenda (páginas 51 a 53).

Símbolo	Descripción	Cómo utilizarlos
	Hilo de la tela. Línea continua gruesa con flechas en ambos extremos.	Coloque la pieza del patrón sobre la tela, con la flecha paralela al orillo.
	Paréntesis de doblez. Corchete largo con flechas en ambos extremos o instrucciones de "colocar en el doblez de la tela".	Coloque la pieza del patrón con las flechas o la orilla exactamente sobre el doblez de la tela.
	Línea de corte. Es una línea continua gruesa a lo largo de la orilla exterior del patrón. También se puede referir a una línea de recorte en algunas vistas.	Corte sobre esta línea. Cuando viene impresa más de una talla en una de las piezas, utilice la línea de corte para la talla específica que mejor ajuste.
	Línea de ajuste. Una línea doble que indica dónde se puede alargar o acortar el patrón antes de cortarlo.	Para acortarlo, haga una alforza en el patrón entre dichas líneas. Para alargarlo, corte el patrón entre las líneas y sepárelo.
	Muescas. Los picos en forma de diamantes que se encuentran a lo largo de la línea de corte, se utilizan para casar costuras. Están numeradas según el orden en que se van a unir las costuras.	Córtelas hacia el exterior del margen del patrón o haga pequeños cortes en la pestaña de la costura. Case las muescas con precisión según estén numeradas.
	Línea de costura. Es una línea interrumpida larga, usualmente trazada a 1.5 cm (⅝") de la línea de corte. Los patrones con varias tallas no tienen marcada la línea de costura.	A menos que se especifique lo contrario, prenda a 1.5 cm (⅝") de la orilla cortada.
	Línea de doblez. Es una línea gruesa que indica dónde debe doblarse la prenda durante la confección.	Doble a lo largo de esta línea cuando vaya a coser vistas, dobladillos, alforzas y pliegues.
	Pinzas. Las pinzas son líneas interrumpidas con puntos, que forman una "V", generalmente van en la línea de las caderas, del busto o en los codos.	Marque, doble a lo largo de la línea central y case con cuidado las líneas y puntos. Cosa hacia el pico.
	Puntos (grandes y pequeños), cuadrados o triangulares. Generalmente se localizan en las líneas de costura o en las pinzas.	Se encuentran en las áreas de confección donde es necesario casar, cortar o unir con exactitud.
Desvanecer	**Líneas para desvanecer (embeber).** Línea interrumpida corta, con un pequeño punto en cada extremo que indica el área que se va a desvanecer (embeber).	Haga un pespunte flojo en la pieza más grande; jale el pespunte hasta que la pieza más grande se ajuste a la pieza más pequeña.
Frunces	**Líneas de fruncido.** Son dos líneas continuas o interrumpidas, o bien, pequeños puntos en cada extremo, que marcan el área donde se va a hacer el fruncido.	Haga dos líneas de pespunte para desvanecer entre los puntos de la pieza más grande; jale el pespunte hasta que los puntos en esta pieza coincidan con los de la pieza más pequeña.
Dobladillo de 7.5 cm (3")	**Línea del dobladillo.** La pestaña del dobladillo está indicada en la línea de corte.	Levante el dobladillo la cantidad que se especifica, ajustándolo según sea necesario.
	Lugar de colocación del cierre. Las líneas paralelas de triángulos que se encuentran a lo largo de la línea de costura indican dónde va a ir colocado el cierre.	Coloque el cierre con el deslizador y el toque inferior en el lugar indicado.
	Posición de los detalles. Las líneas interrumpidas indican el lugar donde deben ir los bolsillos, las alforzas u otros detalles.	Marque y coloque el detalle donde se indica.
	Colocación de botones y ojales. Las líneas continuas indican el largo del ojal; la "X" indica el tamaño y el lugar donde va el botón.	Marque y coloque donde se indica.

Ajuste del largo del patrón

Dependiendo de sus medidas, tal vez usted tenga que acortar o alargar las piezas del patrón tales como: el largo del talle, las mangas de una blusa o vestido, o la línea de la cadera de una falda o pantalón. Haga estas alteraciones en el patrón antes de cortarlo, utilizando las líneas de ajuste marcadas en las piezas del patrón. En algunos patrones también hay una línea de doblez para hacer un pliegue y acortar el patrón, lo que permite transformarlo de un tipo de figura a otro. Por ejemplo, un patrón para Señoritas también puede ajustarse para una figura de Señoritas Pequeñas. La posición de las nuevas pinzas también estará indicada en el patrón. Si no hay líneas de ajuste, generalmente las piezas pueden ser alargadas o acortadas en la parte de abajo.

Antes de determinar si es necesario ajustar el largo de la prenda, planche las piezas del patrón en seco pa-

ra eliminar las arrugas. Mida las piezas del delantero y del trasero del talle desde la línea de costura del hombro hasta la línea de costura de la cintura y no desde una línea de corte hasta la otra. Compare estas medidas con las suyas propias desde el hombro hasta la cintura en el delantero y el trasero del talle. La pieza del patrón debe medir por lo menos de 1.3 a 2 cm ($1/2''$ a $3/4''$) más que las medidas de su cuerpo para que la prenda no le quede muy ajustada.

Mida el delantero y el trasero de la falda desde la línea de costura de la cintura hasta la línea de costura del dobladillo. Compare estas medidas con las de su cuerpo y con el largo del dobladillo que desee. Acorte o alargue el patrón según sea necesario a lo largo de la línea de ajuste.

Cómo acortar el patrón

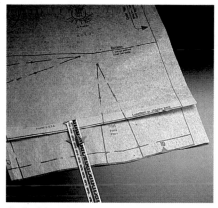

1) Doble el patrón entre las líneas de ajuste. Haga un pliegue equivalente a la mitad de la cantidad que va a disminuir. La cantidad total que se va a acortar equivale a dos veces la profundidad del pliegue.

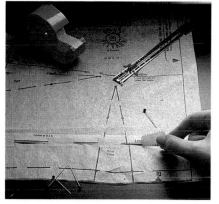

2) Prenda con alfileres el pliegue. Para mayor precisión, mida el largo de la pieza del patrón con una cinta métrica o con regla. Ponga cinta adhesiva en el doblez. Quite los alfileres.

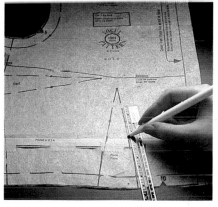

3) Trace las nuevas líneas de corte en el patrón si es necesario. Asegúrese de mantener el hilo de la tela recto. Si es preciso haga ajustes a las pinzas.

Cómo alargar el patrón

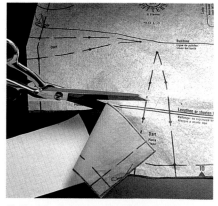

1) Corte y separe el patrón a lo largo de la línea de ajuste. Ponga papel cuadriculado o de china por debajo del patrón.

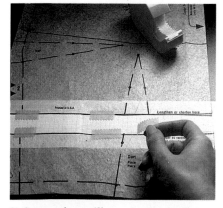

2) Separe las orillas cortadas la distancia necesaria para hacer el aumento. Una las piezas del patrón con cinta adhesiva y mantenga el hilo de la tela recto.

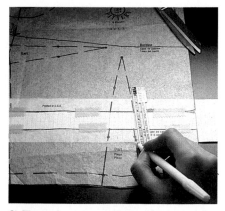

3) Trace las nuevas líneas de corte y las marcas. Recorte el exceso de papel. Verifique la colocación de las pinzas y ajuste los puntos de las pinzas si es necesario.

Lo que usted debe saber acerca de las telas

Todas las telas son hechas con dos tipos de fibras: *naturales y sintéticas*. Las fibras naturales proceden de plantas o animales: algodón, lana, seda y lino. Las fibras sintéticas se obtienen mediante procesos químicos. Entre ellas encontraremos el poliéster, nylon, acetato, spándex y muchas otras.

Con la combinación de fibras naturales y sintéticas se obtienen *mezclas* que ofrecen las mejores cualidades de varias fibras. Por ejemplo, la resistencia del nylon se puede combinar con la capacidad de la lana para guardar el calor; el poliéster requiere pocos cuidados, esta ventaja se puede combinar con la comodidad que brinda el algodón.

Existe una variedad casi infinita de mezclas, cada una con distintas ventajas y desventajas. Busque en el orillo de la tela el contenido de fibras para que sepa qué clase de fibras y en qué cantidad se utilizaron en la fabricación de su tela. También busque las instrucciones para el cuidado de la tela. Examine la *textura* de la tela— cómo se siente, cómo se pliega, si se maltrata fácilmente o se deshilacha, y si estira. Envuelva su mano o brazo con la tela para determinar si tiene la textura suave o tiesa, pesada o ligera, que usted necesita para un proyecto determinado.

Las telas también están clasificadas por el tipo de *fabricación*, esto quiere decir cómo fueron hechas. Todas las telas son ya sea de tejido *en telar, tejido de punto o sin tejido (aglomeradas)*. La tela tejida en telar más común es la de tejido más sencillo. Por ejemplo, la muselina, la popelina y la tafeta. La mezclilla (sarga) y la gabardina están tejidas en diagonal. El satén de algodón es un tejido de satén. Los tejidos de punto también tienen varias clasificaciones. El jersey es ejemplo de un tejido de punto sencillo. Los tejidos de punto para suéter pueden hacerse mediante los procesos para el tejido rachel, el punto volteado o el tejido con dibujo. El fieltro es un ejemplo de tela no tejida (aglomerado).

La selección de la tela adecuada para su proyecto de costura requiere cierta práctica. Consulte el reverso del sobre del patrón para algunas sugerencias y aprenda a determinar la textura de la tela. Una tela de buena calidad no tiene que ser cara. Escoja una tela bien hecha que le siente bien y que conserve un buen aspecto.

Telas fáciles de coser

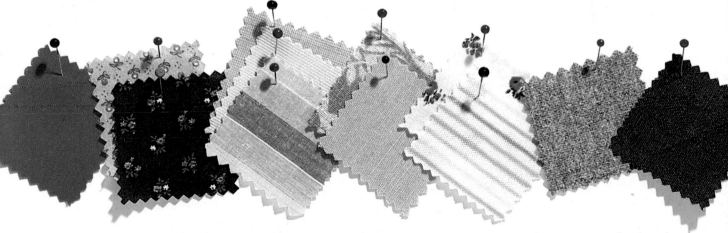

Popelina   Paño de algodón   Telas para camisas   Telas imitación lino Telas de punto formes Lana apretada   Mezclilla

Existen muchas telas fáciles y rápidas de coser. Estas telas suelen ser telas de mediano peso, telas de tejido de telar sencillo o telas de tejido de punto firme. La mayoría de éstas no requieren terminados complicados o un manejo especial, ya que se deshilachan muy poco o no se deshilachan en lo absoluto.

Los estampados pequeños, los estampados grandes y las rayas angostas son fáciles de coser debido a que no requieren que se igualen las costuras. Los estampados, en especial si son obscuros, pueden ocultar imperfecciones de las puntadas.

Las telas de tejido de telar sencillo, como la popelina o el paño fino de algodón, siempre son una buena elección. Los tejidos de punto de elasticidad moderada o estable no requieren acabado en las orillas de las costuras y su elasticidad facilita el ajuste. Las telas de fibras naturales, como los algodones y las lanas ligeras, son fáciles de coser porque las puntadas entran con facilidad en ellas.

Para más ejemplos de telas fáciles de coser, vea qué telas se recomiendan en el reverso de los patrones para prendas "fáciles de hacer".

Manejo de telas especiales

Debido a su diseño o fabricación, cierto tipo de telas requiere un trato especial cuando se acomoda el patrón para el corte y durante la confección. Algunas telas "fáciles de coser" caen dentro de esta categoría. El manejo especial que requieren a menudo es muy simple. Frecuentemente sólo requieren un paso más, por ejemplo, el acabado de las costuras, o un poco más de cuidado.

1) Las **telas cardadas y con pelillo,** como el terciopelo, la terciopana, el velour, la franela y la pana requieren un cuidado especial al cortarlas. Estas telas adquieren un tono claro y brilloso cuando se les peina longitudinalmente, y se obscurecen cuando se les peina a contrapelo. Para evitar que su prenda tenga dos tonos, debe cortar sus piezas de acuerdo con el diagrama "con pelillo", de la hoja de instrucciones del patrón. Decida qué dirección quiere que siga el pelo de la tela, y después corte todas las piezas del patrón con las orillas superiores orientadas en la misma dirección.

Aunque el satén y la tafeta moaré no son telas con pelillos, sus superficies lustrosas reflejan la luz de forma diferente en cada dirección longitudinal. Decida qué efecto prefiere y coloque las piezas del patrón en un solo sentido.

2) Las **telas transparentes** lucen más con costuras y acabados especiales. Las pestañas sin acabado de las costuras hacen desmerecer el aspecto frágil y traslúcido de telas como gasa de algodón, batista, tira bordada o chifón. Las costuras francesas son las preferidas para estas telas, aunque también se pueden elegir otros acabados.

3) Las **telas asargadas** como la mezclilla y la gabardina tienen un tejido diagonal. Si éste se nota mucho, corte su patrón igual que las telas "con pelillo" y evite los patrones inadecuados para este tipo de telas con diagonales. La mezclilla se deshilacha con facilidad, por lo tanto requiere de costuras cerradas.

4) Las **telas a rayas y los tartanes** requieren un cuidado especial al acomodar y cortar las piezas del patrón (páginas 46 a 49). Para casar los cuadros y las rayas en las costuras, es necesario comprar tela extra. Compre de .25 a .50 m (¼ a ½ yarda) más de lo que pide el patrón, dependiendo de la amplitud del modelo.

5) Las **telas de punto** deben manejarse con delicadeza durante la confección de la prenda para evitar que se deformen las piezas. Para este tipo de telas se requieren puntadas y acabados especiales (páginas 78 y 79), a fin de conservar la elasticidad apropiada.

6) Las **telas con diseño en un solo sentido,** tales como algunos estampados con flores y dibujos vistosos, requieren que las piezas del patrón se acomoden en el sentido de las telas "con pelillo" ("con sentido único"), a fin de que unas no queden con el estampado hacia arriba y otras con el estampado hacia abajo. Las telas con cenefa se cortan a lo ancho de la tela, en lugar de a lo largo. Por lo general requieren de más tela. Elija patrones para tela con cenefa y que especifiquen la cantidad de tela necesaria.

Guía de telas y técnicas de costura

Tipo	Telas	Costura sencilla o acabados de las orillas	Costuras	No. de la aguja de la máquina	Tipo y grosor de los hilos
Telas transparentes a telas ligeras	Gasas, gasa de algodón, chifón, organza, crepé de China, encaje fino, tul, malla, georgette	Con pespunte y corte en picos, costura zigzag	Francesa, tipo francesa, costura con ribete de la misma tela	9/65	Extrafino: seda, algodón mercerizado; o poliéster/algodón
Telas ligeras	Seda, telas para camisas, guinga, paño de algodón, Tejido Oxford, calicó, linos de peso ligero, cambray, crepé, tricot, tira bordada chalí, organdí, muselina, batista, cotonía, linón, piqué	Con pespunte y corte en picos, costura zigzag, al orillo	Francesa, tipo francesa, costura con ribete de la misma tela	11/75	Extrafino: seda o algodón mercerizado; hilos para uso general, poliéster/algodón
Telas de punto ligeras a telas de peso medio	Telas de punto de algodón, tricot, telas de punto de algodón/poliéster, telas de punto de jersey, telas de punto ligeras para suéter, tela de toalla stretch, velour stretch	Costura zigzag, costura recta y sobrehilado	Con costura doble, costura recta y en zigzag, zigzag angosto, costura elástica recta, costura elástica	14/90 Punta esférica	Hilo para uso general: poliéster/algodón o poliéster de fibra larga
Telas de peso medio	Algodón, lana, franela de lana, rayón, lino y telas semejantes al lino, calicó estampado, crepé de lana, gabardina, chino, popelina, mezclilla, pana, terciopana, velour, tafeta, satén, telas de punto doble, telas de punto para sudaderas	Pespunte y corte en picos, costura zigzag, al orillo con doblez y pespunte, orillas ribeteadas	Sobrepespunte unilateral, costuras traslapadas, costura inglesa,	14/90 (Punta esférica para las telas de punto)	Hilo para uso general: poliéster/algodón, poliéster de fibra larga o algodón mercerizado
Telas de peso medio/telas para traje	Lana, mezclas de lana, tweeds, franelas, gabardina, sarga, mohair, buclé, popelina gruesa, mezclilla gruesa, telas de punto doble, telas acolchadas	Pespunte y corte en picos, costura zigzag, al orillo, con doblez y pespunte, orillas ribeteadas	Sobrepespunte unilateral, costuras traslapadas, costura inglesa, costura tipo inglesa	14/90 16/100	Hilo para uso general: poliéster/algodón o algodón mercerizado
Telas de peso medio a telas pesadas	Lana, mezclas de lana, franela gruesa de lana, imitación piel, duvetina, lona, dril grueso de algodón, telas para abrigos, lonetas, telas para tapicería	Pespunte y corte en picos al orillo	Sobrepespunte unilateral, costuras traslapadas, costura tipo inglesa	16/100 18/100	Hilo extra resistente: algodón o poliéster/algodón; torzal para pespuntes o para ojales
Telas no tejidas	Piel, ante, reptil (natural, sintético), gamuza, piel de becerro, plástico, fieltro		Sobrepespunte unilateral, costuras traslapadas, costura tipo inglesa	14/90 16/100 Punta biselada	Hilo para uso general o hilo extrarresistente (todos los tipos)

Entretelas

Las entretelas dan soporte a casi todas las prendas, constituyen la capa interna de tela que se utiliza para darle forma y firmeza a detalles de las prendas como los cuellos, puños, pretinas, bolsas, solapas y ojales. Aun los modelos más sencillos pueden requerir una entretela para reforzar los escotes, vistas o dobladillos. La entretela le da más cuerpo a la prenda y ayuda a conservar su rigidez a pesar de las lavadas y del uso continuo.

Las entretelas se fabrican con diferentes tipos de fibras y grosores. Un patrón puede requerir más de un tipo de entretela. Seleccione la entretela de acuerdo con el grosor de la tela, el tipo de caída que se requiera y de acuerdo también con la forma en que se limpiará la prenda. Por regla general, la entretela debe ser del mismo grosor o más ligera que la tela que se va a utilizar. Pliegue dos capas juntas de la tela y la entretela para ver si caen bien. Generalmente, los cuellos y puños requieren entretelas más rígidas. Para las telas transparentes, tal vez lo mejor es utilizar un pedazo de la misma tela como entretela.

Las *entretelas* pueden ser *de hilo* (tejidas en telar) o *aglomeradas* (sin tejido). Las entretelas de hilo tienen trama y urdimbre; deben cortarse al hilo junto con la pieza que se va a entretelar. La entretela aglomerada se hace mediante el bondeado de las fibras. No tiene hilo. Los aglomerados que no dan de sí pueden cortarse en cualquier dirección y no se deshilachan. Los aglomerados elásticos estiran a lo ancho, lo cual es muy útil en las telas de punto.

Los dos tipos de entretelas se pueden adquirir en dos presentaciones: *entretelas para coser* y *entretelas fusionables.* Las entretelas para coser deben prenderse con alfileres o hilvanarse, y por último se fijan a la pieza del modelo con un pespunte a máquina. Las entretelas fusionables tienen un recubrimiento en una cara que, al plancharlas a vapor, se derrite y pega la entretela a la tela. Las entretelas fusionables vienen empacadas en bolsas de plástico con instrucciones para su aplicación. Siga cuidadosamente las instrucciones, ya que hay diferencias entre ellas. Cuando vaya a pegar la entretela termoadherible, utilice un lienzo húmedo para planchar, de esta forma protege la plancha y proporciona más vapor para que pegue el termoadhesivo.

La elección entre una entretela fusionable y una para coser depende en gran parte del gusto personal. Las entretelas para coser requieren más trabajo a mano. Las fusionables se aplican con más facilidad y rapidez, y le dan más cuerpo a la prenda. Sin embargo, algunas telas finas no resisten el calor que, para su aplicación, requieren las entretelas fusionables. Las entretelas fusionables no son aptas para las telas texturizadas como los crepés, porque éstos pierden su textura.

Las entretelas se fabrican en diversos grosores, desde muy finas hasta gruesas, y por lo general vienen en blanco, gris, beige o negro. Además, se pueden adquirir entretelas especiales para pretinas, puños y cuellos que facilitan la confección. Estas entretelas precortadas tienen las líneas de costura marcadas a fin de que las costuras de las orillas sean parejas.

Otro auxiliar de la costura es la red fusionable, que se puede adquirir en tiras de varios anchos. Esta entretela con engomado en ambas caras, permite pegar una entretela de las que son para coser, a la tela de confección. La red fusionable también puede usarse para hacer dobladillos, mantener en la posición deseada una aplicación y fijar en su lugar los parches antes de la costura.

Guía de entretelas

Las **entretelas fusionables de hilo** se pueden adquirir en diferentes grosores y grados de suavidad. Córtelas al mismo hilo que la pieza de la prenda, o al sesgo para que tenga una caída más suave.

Los **aglomerados fusionables** se pueden adquirir en todos los grosores, desde las entretelas más finas hasta las más gruesas. Los aglomerados antideformables dan muy poco de sí en cualquier dirección, y pueden cortarse en cualquier dirección de la tela.

Las **entretelas fusionables de punto** están hechas de tricot de nylon, no se deforman en la dirección del hilo de la tela y estiran a contrahilo, son adecuadas para las telas de punto ligeras y las tejidas en telar.

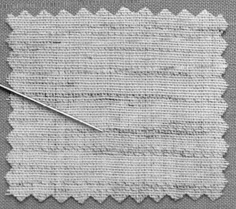

Las **entretelas para coser de hilo** conservan el cuerpo y las cualidades de la tela; deben usarse en las telas tejidas en telar para que tenga una caída natural. Los grosores varían desde organza fina batista hasta entretela de crin.

Los **aglomerados para coser** se pueden adquirir en una variedad de grosores y colores. Los hay antideformables, elásticos o que dan de sí en todas direcciones. Son ideales para las telas de punto y elásticas, así como para las telas tejidas en telar. Todos los aglomerados requieren el tratamiento de preencojido.

La **red fusionable** es un agente de bondeado que se utiliza para unir dos capas de tela sin tener que coserlas. Aunque no es una entretela, proporciona cierta rigidez a la tela, pero no impide que se estire.

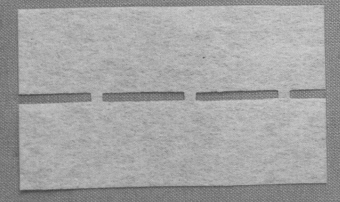

El **aglomerado fusionable para pretinas** se vende precortado en anchos o tirillas para acabados extrafirmes y orillas con más cuerpo, por ejemplo en pretinas, puños, aberturas de camisetas y vistas rectas. Tiene premarcadas las líneas de costura o de doblez.

La **tarlatana precortada** para pretina es una tira muy firme y gruesa que da rigidez a las pretinas y cinturones, se puede adquirir en varios anchos. Se puede coser en el reverso o vista de la pretina, pero es muy rígida como para coserla en la costura de la pretina.

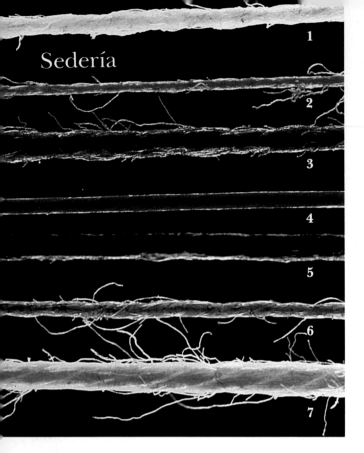

Sedería

Hilos

Seleccione hilos de la mejor calidad, adecuados para la fibra y el grosor de la tela, así como para el tipo de puntada que vaya a utilizar. Por regla general, utilice hilos de fibras naturales para las telas de fibras naturales, e hilos de fibras sintéticas para las telas sintéticas. La fotografía de arriba ha sido amplificada 20 veces para mostrar los detalles.

1) El **hilo de algodón con poliéster** es un hilo de uso general para todo tipo de costuras a mano y a máquina; se utiliza en todo tipo de telas: fibras naturales y sintéticas, telas de punto y tejidas.

2) El **hilo extrafino** de algodón con poliéster reduce los fruncidos en telas ligeras, y no se anuda o se rompe durante el bordado a máquina.

3) El **torzal para hilvanar y coser ojales** es ideal para hacer pespuntes, para puntadas programadas decorativas y para acordonar ojales hechos a máquina y a mano.

4) El **hilo para acolchar a mano** es un hilo de algodón o de poliéster con algodón resistente que no se enreda, no se hace nudos, ni se abre mientras se están cosiendo a mano las capas de telas.

5) El **hilo para botones y tapetes** es ideal para las costuras a mano que requieren una mayor resistencia.

6) El **hilo de poliéster de fibras largas** es suave y uniforme, y es útil para coser a máquina o a mano.

7) El **hilo de algodón 100% mercerizado** se usa para las telas tejidas de fibras naturales, como el algodón, el lino y la lana. Este hilo no se puede usar en telas de punto porque no tiene suficiente elasticidad.

Adornos y cintas

Elija cintas y adornos que combinen con su tela y con el hilo. La mayoría de las cintas y adornos pueden coserse a máquina, aunque algunas tienen que coserse a mano. Aplique el tratamiento de preencogido a los adornos que piense utilizar en las prendas que se lavarán en casa.

1) El **bies común** mide 1.3 cm de ancho (1/2"). El bies ancho tiene 2.2 cm (7/8") de ancho; estas cintas se pueden adquirir generalmente en colores sólidos, aunque en algunos lugares las hay con estampados. El bies se puede usar en vistas, jaretas y como adorno.

2) El **bies redoblado** sirve para ribetear orillas sin acabado. Viene en anchos de 6 mm (1/4") y de 1.3 cm (1/2").

3) El **extrafor de encaje** se utiliza para el acabado decorativo de dobladillos para el entredós de encaje en todo tipo de telas.

4) El **extrafor de tela** es 100% de rayón o poliéster, mide 1 cm (3/8") de ancho; se usa para evitar que se deformen las costuras, para el acabado de dobladillos y para reforzar esquinas recortadas.

5) La **espiguilla** viene en anchos de 6 mm (1/4"), 1.3 cm (1/2") y 1.5 cm (5/8"), y se usa para realzar adornos y orillas.

6) La **trencilla** se puede adquirir en diferentes estilos: con puntas, sutach y marinera. Utilícela para realzar detalles, cordones de jaretas, ataduras o presillas para botones.

7) El **galón asargado** se usa para reforzar costuras y líneas que se enrollan con facilidad.

8) El **bies acordonado** es un adorno con realce que se inserta en las costuras para definir y decorar orillas.

9) El **resorte** se inserta en jaretas para dar forma a pretinas, puños y escotes. El de punto (**9a**) y el tejido (**9b**) son más suaves que el resorte de hilos entretejidos (**9c**), se enrollan menos, y se pueden coser directamente sobre la tela. El resorte para pretinas tiene costillas verticales para evitar que se enrolle.

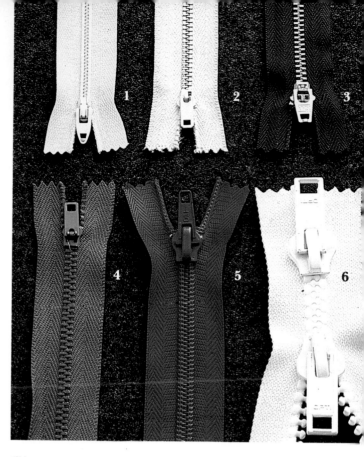

Botonaduras y cierres

Adquiera estos artículos de mercería ya sea para que se combinen con la prenda o para que resalten en ella y le den un toque de moda.

1) Los **botones perforados** con dos o cuatro agujeros son botones de uso general.

2) Los **botones con pie** tienen un pie o tallo que va por debajo del botón.

3) Los **botones forrados** se pueden forrar con la misma tela de la prenda para que tengan un color idéntico.

4) Los **botones de enganche** tienen botones largos y lazos adornados con piel o imitación piel, se usan en áreas traslapadas.

5) Los **alamares** son botonaduras de presillas y botón de bola que dan un toque de elegancia a prendas especiales.

6) Las **cintas de broches de presión y el Velcro**^MR se usan para abrochar piezas traslapadas en chaquetas, camisas o vestidos informales.

7) Los **ganchos planos o de pretina** se utilizan para abrochar pretinas en faldas y pantalones.

8) Los **ganchos y presillas** son abrochaderas que van por dentro de la prenda; los hay en tamaños apropiados para varios grosores de telas.

9) Los **broches de presión** van por dentro de la prenda, en áreas que no están sometidas a mucha tensión, tales como los puños.

10) Los **broches de remache gigantes** se colocan a martillazos o con unas pinzas especiales en la parte exterior de la prenda para crear un efecto decorativo.

Cierres

Los cierres tienen dientes metálicos o de plástico, o tienen una espiral sintética de poliéster que va fija a una cinta tejida. Ambos tipos vienen en grosores para uso general. Los cierres en espiral son ligeros, más flexibles, resistentes al calor e inoxidables. Los cierres de metal son más gruesos y se utilizan para telas pesadas y ropa deportiva. Aunque generalmente los cierres están diseñados para que no se noten mucho, algunos son grandes, de colores fuertes y están hechos para que resalten en la prenda.

1) Los **cierres de poliéster de uso general** son adecuados para telas de todos los grosores en faldas, pantalones y vestidos, y para los artículos empleados en la decoración del hogar.

2) Los **cierres metálicos de uso general** son cierres fuertes, durables, para ropa deportiva, como también para pantalones, faldas, vestidos y artículos empleados en la decoración del hogar.

3) Los **cierres de cobre para pantalones de mezclilla** son cierres metálicos forjados, con el extremo inferior cerrado, diseñados para pantalones de mezclilla, ropa de trabajo e informal, en telas de peso mediano y gruesas.

4) Los **cierres abiertos de metal** se pueden adquirir en dos grosores, gruesos y semigruesos; se utilizan en chaquetas, ropa deportiva y artículos para la decoración del hogar. Los cierres abiertos reversibles tienen deslizador por el derecho y por el revés.

5) Los **cierres abiertos de plástico** son ligeros, fuertes y durables, tienen una pestaña extraancha para que la costura sea pareja. Su apariencia decorativa los hace ideales para la ropa de esquiar y de invierno.

6) Los **cierres con doble corredera** son cierres abiertos, de plástico, con dos correderas que permiten abrirlos por la parte superior e inferior.

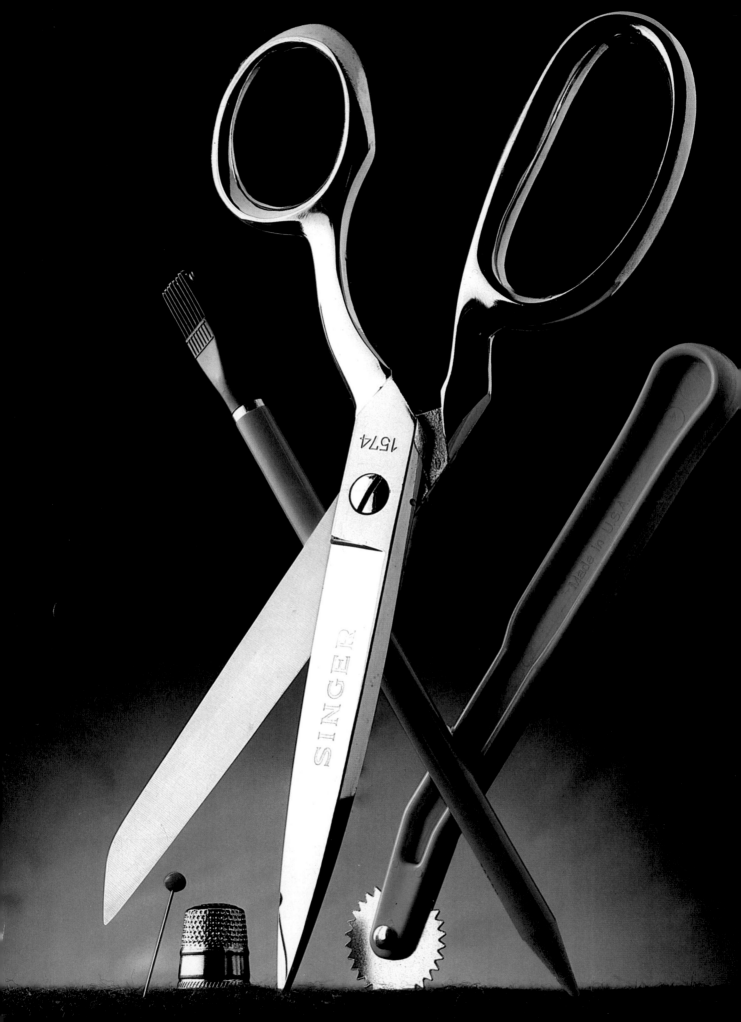

Cómo acomodar, marcar y cortar el patrón

Una vez que usted ha escogido el patrón y la tela, y que ha reunido todo el equipo necesario, está lista para empezar la confección de su prenda. Antes de cortar la tela, asegúrese de que ésta ha sido preparada debidamente y de que el patrón está bien acomodado. Gran parte de la preparación y manera de acomodar la tela tiene que ver con el hilo de ésta. El *hilo de la tela* se refiere a la dirección longitudinal en la cual corre la urdimbre de la tela.

Las **telas tejidas en telar** tienen hilos longitudinales en los cuales se entretejen hilos transversales. Cuando estos hilos se entrecruzan formando ángulos rectos, se dice que la *tela* está *al hilo*. Si el tejido de hilos longitudinales y transversales no forma ángulos rectos, entonces la *tela* está *torcida*. Es esencial que su tela esté al hilo antes de cortarla. Si no corta la tela al hilo, la prenda no caerá, ni se ajustará correctamente.

A la dirección que siguen los hilos longitudinales se le llama la *urdimbre*. Este hilo de la tela es paralelo al *orillo*, que es la tira angosta de tejido más apretado en los márgenes longitudinales de la tela. Debido a que los hilos longitudinales son más resistentes y más estables que los hilos transversales, la mayoría de las prendas se cortan de tal modo que la urdimbre quede vertical. Los hilos transversales forman la *trama* de la tela, la cual forma ángulo recto con el orillo. En la mayoría de las telas, la trama da un poco de sí. Las telas con cenefa generalmente se cortan en la dirección de la trama (el hilo transversal), para que este adorno quede horizontal en la prenda.

Cualquier línea diagonal que cruce la trama y la urdimbre se denomina *sesgo*. Las telas cortadas al sesgo tienen más elasticidad que las telas cortadas al hilo. El *sesgo perfecto* se forma cuando la línea diagonal forma un ángulo de 45 grados con cualquier orilla vertical. Este ángulo es el que brinda mayor elasticidad. Las tiras cortadas al sesgo perfecto generalmente se utilizan para el acabado de orillas curvas, tales como escotes y sisas. Las telas a cuadros y a rayas pueden cortarse al sesgo para darle cierto efecto a la prenda. Las prendas cortadas al sesgo perfecto forman suaves pliegues.

Las **telas de punto** están hechas a base de mallas o bucles entrelazados de hilo que forman costillas. Las costillas corren paralelas a los lados longitudinales de la tela, su dirección es igual al hilo de las telas tejidas en telar. Las hileras de mallas que forman un ángulo recto con las costillas se denominan *pasadas* y se pueden comparar con la trama de las telas tejidas en telar. Las telas de punto no tienen sesgo ni orillo. Algunas telas de punto planas tienen los márgenes laterales perforados que se semejan al orillo, pero no se puede confiar en éstos para determinar el hilo verdadero. Las telas de punto tienen mayor elasticidad a lo ancho, por eso se cortan de manera que la trama quede en posición horizontal alrededor del cuerpo para brindar máxima comodidad.

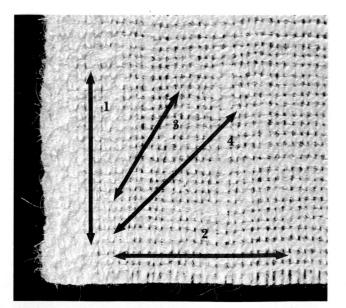

Las telas tejidas en telar tienen hilos longitudinales (**1**) y transversales (**2**). Los hilos longitudinales son más resistentes, ya que deben soportar una mayor tensión durante el tejido. El sesgo (**3**) puede ser cualquier dirección diagonal. El sesgo perfecto (**4**) da lugar a un ángulo de 45 grados, es el que porporciona mayor elasticidad.

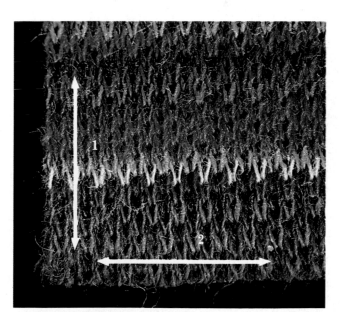

Las telas de punto tienen costillas longitudinales (**1**) que van paralelas al largo de la tela. Las hileras transversales (**2**) forman ángulos rectos con las costillas. Algunas telas de punto son planas. Otras son de forma tubular; éstas se pueden abrir y separarse a lo largo de las costillas longitudinales, si es que el diagrama de corte requiere un solo grosor para la tela.

Preparación de la tela

Antes de acomodar el patrón, efectúe los pasos necesarios para preparar la tela para el corte. La etiqueta en el rollo de la tela indica si ésta se lava en casa o en seco, y si encoge también dirá cuánto. Si la tela no ha recibido un tratamiento de preencogido, o si la etiqueta indica que encogerá más del uno por ciento, entonces usted deberá darle el tratamiento de preencogido antes de cortarla. Con frecuencia también se aconseja preencoger las telas de punto, ya que esto disminuye la rigidez del engomado que algunas veces ocasiona saltos en las costuras. Los cierres y adornos también pueden requerir preencogido. Las telas que se lavan en seco pueden ser preencogidas con planchado a vapor, o bien, usted puede enviarlas al servicio de lavado en seco para que lo haga un profesional. Esto tiene especial impor-

tancia si usted planea usar entretelas termoadheribles, ya que para la aplicación de éstas se requiere una mayor cantidad de vapor que para un planchado normal, y esto puede hacer que la tela se encoja. Para cerciorarse de que la tela está al hilo, primero enderece los extremos transversales de la tela. En las telas tejidas en telar, jale un hilo de la trama (a lo ancho de la tela), o haga un corte a lo largo del diseño del tejido; en las telas de punto, haga un corte a lo largo, haciendo coincidir los orillos y los extremos transversales. Si la tela se abolsa, quiere decir que está torcida. Una tela así puede enderezarse planchándola a vapor. Para ello prenda la tela con alfileres a lo largo de los orillos y en ambos extremos, haciendo coincidir los extremos de la tela. Después, planche desde el orillo hacia el doblez. Las telas muy torcidas se enderezan estirando la tela al sesgo. Las telas con acabados permanentes no pueden ser estiradas.

Cómo preencoger la tela

Preencoja las telas lavables por medio del lavado y el secado que usted utilizaría en la prenda terminada. También las puede sumergir en agua caliente. Transcurridos 30 minutos a una hora, exprima la tela suavemente y séquela como secaría la prenda terminada.

Planche a vapor las telas que se lavan en seco para preencogerlas. Aplique el vapor uniformemente en la tela, moviendo la plancha horizontal o verticalmente (no lo haga en dirección diagonal). Después de esto, deje que la tela se seque sobre una superficie plana y suave durante aproximadamente cuatro a seis horas o hasta que esté perfectamente seca.

Cómo enderezar los extremos transversales de la tela

Jale los hilos para enderezar las telas tejidas en telar. Haga en el orillo un pequeño corte con las tijeras, tome uno o dos hilos de la trama a lo ancho y jálelos suavemente. Deslice con la otra mano la tela hasta que logre sacar los hilos. Corte la tela a lo largo de la línea que dejaron los hilos sacados.

Corte sobre una línea para enderezar un diseño a rayas, a cuadros o cualquier otro tipo de diseño en *telas tejidas en telar*. Simplemente corte a lo largo de una línea transversal de color dominante. No use este método para las *telas estampadas*, porque tal vez el diseño no esté al hilo.

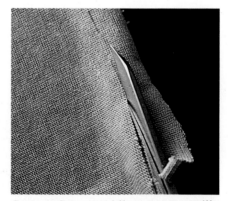

Corte sobre una hilera (una costilla transversal) para enderezar los extremos de una tela de punto. Tal vez sea más fácil seguir la hilera si antes la marca con un hilván con hilo contrastante, o con lápiz marcador o greda.

Cómo acomodar el patrón

Para acomodar el patrón, prepare un área de trabajo amplia, por ejemplo, una mesa con una tabla especial para corte u otra superficie plana larga. Reúna todas las piezas del patrón correspondientes al modelo que usted ha elegido y plánchelas con una plancha seca y caliente para quitarles las arrugas.

Consulte en la hoja de instrucciones del patrón el diagrama para la colocación del patrón sobre la tela. Estos diagramas son una guía confiable para acomodar correcta y rápidamente el patrón. Busque el diagrama adecuado para el modelo que usted ha elegido, el ancho de la tela y la talla del patrón que está utilizando. Cuando trabaje con telas con pelillo u otro tipo de telas con un solo sentido (página 49), escoja el diagrama "con pelillo" para la colocación de las piezas del patrón. Circule el diagrama con un lápiz de color para que no lo confunda con otro.

Doble la tela según se indique con el diagrama. La mayoría de las telas se doblan con el derecho hacia adentro. Esto facilita las labores de marcar y coser, ya que algunas piezas estarán en su posición para coserlas. Las telas de algodón y linos a menudo se doblan con el derecho hacia afuera; las lanas se doblan con el revés hacia afuera. El derecho de las telas puede se más liso y brilloso, o puede tener un tejido más pronunciado. Los orillos tienen mejor acabado por el derecho de la tela. Si no puede distinguir el derecho de la tela, seleccione el lado que más le guste y utilícelo siempre como tal. Si usa las dos caras de la tela, en la prenda ya acabada se notará una ligera diferencia en el tono de las piezas que no se notaba durante el corte.

El diagrama para acomodar el patrón le indica el lugar donde van los orillos y el doblez. La mayoría de las prendas se cortan con el doblez al hilo de la tela. Si la tela se tiene que cortar con el doblez a contrahilo (a lo ancho), en el diagrama, el doblez estará marcado como "doblez transversal". El doblez transversal no se debe usar en telas con pelillo o telas con un solo sentido.

Acomode las piezas del patrón como se indica en el diagrama. Los símbolos y las marcas que se utilizan en los diagramas para acomodar el patrón son iguales en la mayoría de las compañías que fabrican patrones. Una pieza del patrón en blanco, indica que esta pieza se debe cortar con el lado impreso hacia arriba. Una pieza sombreada debe cortarse con el lado impreso hacia la tela. Una línea punteada indica que la pieza debe cortarse dos veces.

Cuando una pieza trae la mitad sombreada y la otra mitad en blanco, esto quiere decir que la tela se corta doblada. Corte primero las otras piezas y después doble otra vez la tela para cortar ésta. Una pieza del patrón que se prolonga más allá de la línea de doblez, debe cortarse en una sola capa de tela y no en dos, como se acostumbra. Después de cortar las otras piezas, abra la tela con el lado derecho hacia arriba y acomode esta pieza alineando la flecha del hilo de la tela con el hilo recto de la tela.

Ya que todas las piezas del patrón estén acomodadas sobre la tela, préndalas con alfileres según las indicaciones a continuación. No empiece a cortar hasta que haya acomodado todas las piezas del patrón.

Cómo prender las piezas del patrón

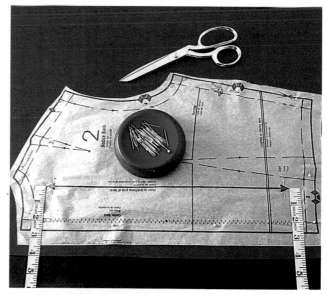

1) Primero **coloque** las piezas del patrón que se van a cortar en el doblez. Coloque cada una directamente en la orilla del doblez de la tela. Prenda en posición diagonal las esquinas del patrón. Continúe prendiendo la pestaña de la costura, colocando los alfileres paralelos a la línea de corte. Debe haber una distancia de 7.5 cm (3″) aproximadamente entre cada alfiler, y cuando se trate de curvas o de telas que se resbalan, los alfileres deberán colocarse más cerca.

2) Coloque sobre la tela las piezas del patrón que se cortan al hilo, procurando que la flecha que indica el hilo de la tela quede paralela al orillo de las telas tejidas en telar, o paralela a las costillas de las telas de punto. Tome las medidas desde los extremos de la flecha hacia el orillo o hacia la costilla, moviendo el patrón hasta que las distancias sean iguales. Prenda ambos extremos del hilo de la tela para que el patrón no se mueva. Continúe prendiendo los alfileres tal y como se indica en el paso # 1.

Cómo acomodar las telas a cuadros y a rayas

Seleccione modelos sencillos para las telas a cuadros y a rayas. Los modelos complicados pueden hacer deslucir o distorsionar el diseño de la tela. Evite las pinzas diagonales en la línea del busto, las pinzas horizontales largas y los patrones calificados como "inadecuados para rayas y cuadros".

Siempre compre más tela de lo indicado para que pueda casar los motivos en las costuras. La cantidad extra de tela que necesite dependerá del tamaño del *motivo* (la superficie de cuatro lados que abarca un diseño completo y que se repite), así como del número y largo de la mayoría de las piezas del patrón. Generalmente basta con 25 a 50 cm más.

Es más fácil trabajar con cuadros y rayas simétricos que con cuadros asimétricos y rayas diagonales. En los cuadros simétricos, la distribución de colores y rayas es igual en las direcciones horizontal y vertical. El área del motivo es perfectamente cuadrada. En los cuadros asimétricos, la distribución de las rayas y el color forman un motivo diferente tanto en la dirección longitudinal como transversal, o en ambas direcciones. Las rayas simétricas se repiten en el mismo orden en ambas direcciones, las *rayas diagonales no*. Para casar los motivos en las costuras, todos los cuadros asimétricos y algunas rayas diagonales deben cortarse en una sola capa de tela, usando cada pieza del patrón dos veces. Esto duplica el tiempo que se lleva este paso.

Para determinar si un cuadro es simétrico o asimétrico doble al sesgo y hacia atrás una esquina de la tela, procurando atravesar el centro del motivo (página opuesta). En un cuadro simétrico las rayas de color longitudinal y transversal coincidirán. En un tartán asimétrico, las rayas no coincidirán en una o en ambas direcciones. Si las líneas de color coinciden diagonalmente, haga una prueba más en otra posición para asegurarse de que sí es simétrico. Doble la tela vertical u horizontal, llevándola hacia el centro de otro cuadro. Si el cuadro es simétrico, las mitades deben producir una imagen en espejo. Algunos cuadros asimétricos pasarán la prueba diagonal, pero no la prueba horizontal y vertical.

Para que una prenda terminada tenga equilibrio, asegúrese de que las rayas de colores dominantes, tanto a lo largo como a lo ancho, estén colocadas correctamente. Siga estos consejos:

Coloque las rayas verticales de color dominante en el centro de las mangas, canesú y cuellos.

Coloque las rayas horizontales de color dominante en o cerca de las orillas de la prenda, por ejemplo, la línea del dobladillo y orilla de las mangas, excepto cuando se trate de modelos con mucho vuelo.

Evite colocar las rayas horizontales de color dominante en la parte más prominente del busto o de las caderas, o en la cintura, porque esto hace que estas áreas de la figura se vean más voluminosas.

En un traje de dos piezas, case las rayas verticales de la chaqueta con las rayas verticales de la falda. Coloque la raya vertical más pronunciada en el centro del trasero y del delantero de cada pieza.

Aunque no es siempre posible casar los diseños en todas las costuras, usted trate de casar: las rayas transversales en las costuras verticales, por ejemplo, al centro del delantero y del trasero, y en las costuras a los lados; monte las mangas en el delantero del talle haciendo coincidir las muescas de las sisas; cuanto sea posible case las rayas longitudinales y las bolsas, carteras y otros detalles al área de la prenda que cubrirán.

Cuando acomode los patrones en tartanes y telas a rayas, case las *líneas de costura,* no las líneas de corte. Si la tela tiende a moverse cuando la esté cortando, antes de prender el patrón en su lugar, préndala con alfileres o use cinta adhesiva para hilvanar a fin de mantenerla en su lugar cuando usted ya haya casado las rayas de color.

Cómo determinar si los cuadros son simétricos o asimétricos

Los cuadros simétricos tienen rayas y colores que coinciden perfectamente cuando la tela se dobla diagonalmente a través del centro del motivo. Las mitades también producen una imagen en espejo cuando los cuadros se doblan vertical u horizontalmente.

En **los cuadros asimétricos,** el color y las rayas en una o en ambas direcciones no coinciden cuando se dobla diagonalmente la tela a través del centro del motivo. Algunos cuadros asimétricos sí coinciden cuando se les dobla diagonalmente, pero no forman una imagen en espejo cuando se les dobla vertical u horizontalmente a través de un motivo.

Cómo casar los cuadros simétricos

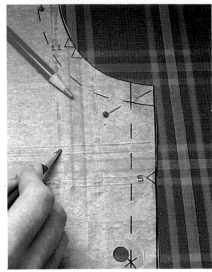

1) Coloque una pieza del delantero o del trasero del patrón sobre la tela. Trace el motivo del cuadro en la pieza del patrón en el punto en donde se localiza una muestra de la pestaña lateral. Marque los colores de la tela.

2) Coloque la otra pieza del patrón sobre la primera, haciendo coincidir las muescas y las líneas de costuras traslapadas. Trace el motivo del cuadro en el reverso de la segunda pieza.

3) Coloque la segunda pieza del patrón sobre la tela, haciendo coincidir el motivo trazado en éste con el de la tela. Prenda con alfileres la pieza. Repita esta operación con las demás piezas del patrón que tenga que casar.

Cómo acomodar el patrón en las telas a cuadros

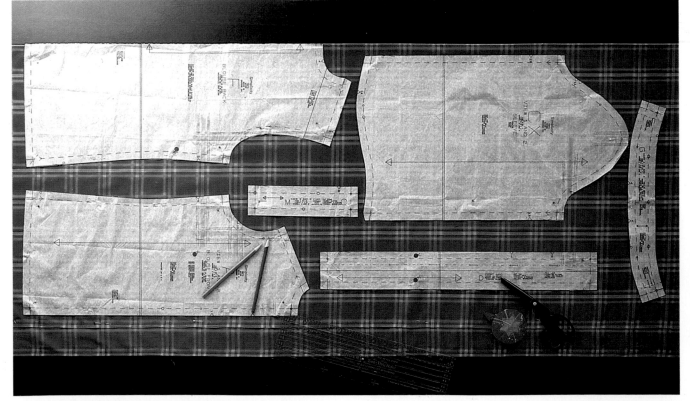

Los cuadros simétricos se pueden **acomodar** de acuerdo con el diagrama de la hoja de instrucciones para las telas "con pelillo" (con un solo sentido) o para las telas "sin pelillo" (sin sentido), aunque siempre es mejor trabajar con el diagrama para telas con un solo sentido. Las muescas y los símbolos en las líneas de costura deben coincidir en las costuras laterales y al centro de las piezas del delantero y del trasero. Coloque las costuras del centro de modo que la línea de costura quede exactamente en el centro del motivo del cuadro. Acomode los puños y los bolsillos de tal forma que casen con los cuadros en el área de la prenda que cubrirán. Para las prendas de dos piezas, coloque los centros del delantero y del trasero de ambas piezas a lo largo de la misma raya de color dominante del cuadro.

Cómo acomodar las telas con un solo sentido

Entre las telas con un solo sentido se cuentan las *telas con pelillo*, como la pana, la terciopana y la franela; las *telas con peluche*, como la imitación piel; *telas lustrosas*, como la tafeta y el satén; y las *telas estampadas* cuyos diseños estén orientados en un solo sentido. Además, también se pueden clasificar en este grupo las *telas asargadas*, como la mezclilla y la gabardina, y las *telas de punto*, como el jersey y las telas de punto doble o de punto sencillo, que dependiendo de la dirección del hilo de la tela se ven más claras o más obscuras.

Para evitar que la tela tenga dos tonos, o que el diseño quede en dos direcciones distintas, todas las piezas del patrón deben colocarse con la parte superior orientada en la misma dirección. Las telas con pelillo pueden cortarse con el pelo ya sea hacia arriba o hacia abajo. El pelillo hacia arriba hace que la tela se vea de un color más fuerte y obscuro. El pelillo hacia abajo hace que la tela tenga un tono más claro y que dure más. Las telas con peluche se ven mejor con el pelo hacia abajo. Las telas lustrosas pueden cortarse en la dirección preferida. Las telas con diseños en un solo sentido deben cortarse de tal forma que cuando la prenda esté terminada, el diseño quede hacia arriba.

Cómo acomodar las telas con un solo sentido

Escoja la dirección en que cortará su tela, después acomode las piezas del patrón de acuerdo con el diagrama para telas con pelillo (con sentido único) de la hoja de instrucciones. Para asegurarse de que está acomodando adecuadamente las piezas del patrón, marque cada pieza con una flecha que apunte hacia la parte superior de la misma. Al-gunas veces el patrón requiere de un doblez transversal. En este caso, doble la tela según lo indique el diagrama, después corte a lo largo de la línea del doblez. Voltee la capa superior de la tela para que el pelillo de la tela quede orientado en la misma dirección que el pelillo de la capa inferior, y corte ambas capas al mismo tiempo.

Sugerencias para el corte

Coloque su mesa de corte de modo que pueda usted moverse con libertad alrededor de la misma y que tenga acceso al patrón desde todos los ángulos. Si su superficie de corte no cumple los requisitos anteriores, corte por partes un grupo de piezas del patrón, separadas del resto de la tela, para que usted pueda mover estas piezas más chicas con libertad.

La precisión es muy importante, ya que no siempre se puede corregir un error en el corte. Antes de cortar, verifique la colocación de las piezas y las modificaciones del patrón. Antes de cortar las telas a cuadros o las telas con un solo sentido, asegúrese de que la tela esté bien doblada y colocada correctamente. La cinta adhesiva para hilvanar (página 20) puede ser de gran ayuda para que la tela no se mueva. Las telas gruesas o pesadas pueden cortarse mejor de una sola capa a la vez. Las telas que se resbalan, es más fácil cortarlas si se cubre la mesa con una sábana o con otra tela que no resbale.

Las tijeras deben estar bien afiladas, use las de mango en ángulo con hojas lisas o dentadas, de 18 ó 20.5 cm (7" u 8") de largo. Siga las líneas de corte, haciendo cortes largos y firmes en las rectas, y en las partes curvas cortes pequeños. Al cortar, coloque una mano sobre el patrón, cerca de las líneas de corte, para evitar que éste se mueva y para tener un mejor control.

El cortador giratorio (página 18) es especial para cortar pieles, telas resbalosas o para cortar varias capas de tela. El cortador giratorio lo pueden usar tanto las personas diestras como las zurdas. Utilice una estera para proteger la superficie de trabajo. Las muescas pueden cortarse hacia afuera del símbolo, o bien, pueden hacerse *pequeños cortes* hacia el interior de la pestaña de la costura (página 53). Tenga cuidado de no cortar más allá de la línea de costura. Haga pequeños cortes para marcar las líneas de doblez y de costura en pinzas y tablas, así como también en la parte superior e inferior del centro del delantero y del trasero.

Marque la parte superior del casquete de la manga, por arriba del punto negro en el patrón, con un pequeño corte. En las telas gruesas o de tejido flojo, en las cuales no se pueden ver con facilidad estas marcas, corte las muescas del patrón hacia afuera del margen. Corte las muescas dobles o triples como si fueran una sola muesca.

Cuando termine de cortar sus piezas, guarde los retazos de tela que le sobren, utilícelos para probar las puntadas o para las técnicas de planchado, practique en éstos la hechura de ojales o de botones forrados. Para marcar con exactitud e identificar mejor las marcas, deje todas las piezas del patrón prendidas en su lugar hasta que usted esté lista para coser cada una.

El patrón puede pedir *tiras de tela para bies* para el acabado de orillas tales como los escotes o las sisas. Lo ideal es cortar éstas de un pedazo de tela lo suficientemetne largo para cubrir el área que se va a ribetear. Las tiras de bies se pueden añadir para formar una tirilla del tamaño requerido.

Cómo cortar y unir las tiras para bies

 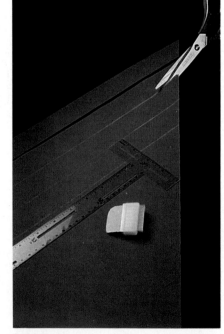 

1) Doble la tela diagonalmente para que un extremo recto de la trama quede paralelo al orillo o a la urdimbre. La línea del doblez es el bies perfecto. Corte la tela a lo largo de la línea de doblez para marcar la primera línea del bies.

2) Marque las demás líneas del bies con un lápiz marcador o con greda, utilice una regla T o una regla transparente. Corte a lo largo de las líneas marcadas. Cuando en un patrón se indica que se necesitará un acabado con ribete, entonces el patrón indicará el ancho y largo necesarios de las tiras de bies.

3) Una las cintas de bies si es que así lo requiere la pieza. Con los derechos juntos, prenda con alfileres las tiras, procurando que los extremos más cortos queden alineados. Las cintas formarán una "V". Haga una costura de 6 mm (¼"). Abra las costuras. Recorte las esquinas de las costuras para que queden parejas las orillas de las tiras de bies.

Sugerencias para marcar

Al marcar, los símbolos clave del patrón se pasan también al revés de la tela después de cortarla y antes de desprender el patrón. Estas marcas son puntos de referencia que le ayudarán en todos los pasos de la confección de la prenda. Entre los símbolos del patrón que deben marcarse en la tela están símbolos para armar la prenda y las marcas para la colocación de detalles.

Por regla general, las marcas se hacen *en el revés* de la tela. Algunos símbolos de los patrones, como aquellos para la colocación de bolsas y ojales, *deben pasarse* del revés al derecho de la tela (*no se deben marcar* en el derecho). Para hacer esto, haga un hilván a mano o a máquina a través de las marcas que se encuentran en el revés de la tela. El hilo será la marca por el derecho de la tela. Las líneas de doblez se pueden marcar planchándolas.

Existen varias formas para pasar las marcas, cada una adecuada para los distintos tipos de tela. Usted escoja la que le parezca más fácil y rápida.

Los alfileres son un recurso rápido para pasar las marcas, aunque no se deben usar en telas delicadas o en aquellas en las cuales no se quiten las marcas, como en el caso de la seda o de las pieles sintéticas. Utilice alfileres para marcar sólo cuando planee coser la prenda inmediatamente después de marcarla, ya que los alfileres podrían caerse, sobre todo en telas de tejido flojo o en telas de punto.

El gis para profesional o el **lápiz de greda,** utilizados junto con alfileres, son adecuados para la mayoría de las telas.

La carretilla dentada y el papel carbón son un método rápido y exacto. Se trabaja mejor con ellos en las telas lisas y planas. La carretilla puede maltratar algunas telas, por ello siempre haga antes una prueba en un retazo de tela. Antes de empezar a marcar, coloque un cartón bajo la tela para proteger la mesa. En la mayoría de las telas, ambas capas pueden marcarse al mismo tiempo.

Los marcadores líquidos son plumones con punta de fieltro diseñados especialmente para su uso en telas. El marcador se traspasa a través del papel del patrón hacia la tela. La tinta se puede quitar con agua o simplemente desaparece sola, por lo tanto, los marcadores líquidos se pueden usar en el derecho de la mayoría de las telas.

El hilván a máquina pasa las marcas del revés al derecho de la tela. También se puede usar para marcar puntos difíciles de casar en las telas o puntos para montar las piezas. Después de marcar el revés de la tela, haga un hilván a máquina a través de las marcas. Utilice puntadas largas o puntada de hilván y ponga un hilo de color contrastante en la bobina. El hilo de la bobina marcará el lado derecho de la tela. Para marcar un punto de montaje, pase una costura sobre la línea de costura utilizando puntadas de tamaño regular e hilo del color de la tela. Deje este pespunte como refuerzo.

Los cortes pequeños se pueden utilizar en la mayoría de las telas, excepto en tweeds de tejido muy flojo y en algunas telas de lana gruesa. Con la punta de las tijeras, haga un corte de aproximadamente 3 a 6 mm ($1/8''$ a $1/4''$) en la pestaña de la costura.

El planchado a presión se puede hacer para marcar las líneas de doblez, pliegues y tablas. Este es un método adecuado para cualquier tela que tenga pliegues.

Cómo marcar con greda, lápiz y marcador líquido

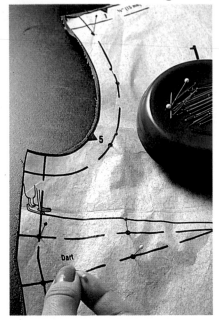

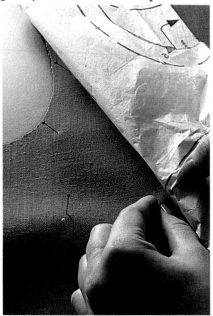

1) Ensarte los alfileres directamente hacia abajo, abarcando el patrón y ambas capas de tela en los símbolos marcados.

2) Quite el patrón con mucho cuidado de tal forma que los alfileres queden prendidos en las telas. Marque por el revés la capa superior de tela con greda, lápiz marcador o marcador líquido en los puntos donde están los alfileres.

3) Voltee la tela y marque la otra capa en los lugares donde sobresalen las puntas de los alfileres. Quite los alfileres y separe las capas.

Cómo marcar con hilván o con plancha

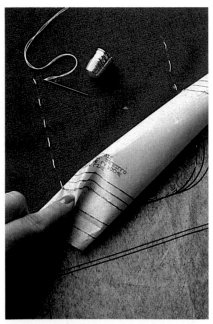

Haga un hilván a mano con puntadas largas y cortas para marcar una de las capas de tela. Hilvane el patrón y la tela a lo largo de una línea continua, usando puntadas cortas en el papel y largas en la tela. Con mucho cuidado, separe el papel.

Hilvane a máquina para pasar las marcas de la greda, lápiz marcador o del papel carbón del revés de la tela al derecho. Use hilo contrastante en la bobina, y las puntadas más largas que tenga la máquina. No hilvane a máquina las telas que se estropean. No planche sobre el hilván hecho a máquina.

Planche para marcar las líneas de doblez, los pliegues y las alforzas. Prenda el patrón a una sola capa de tela. Doble el patrón y la tela a lo largo de la línea marcada. Planche en seco a lo largo del doblez.

Cómo marcar con la carretilla dentada y el papel carbón

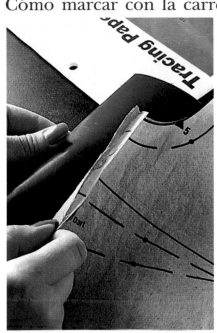

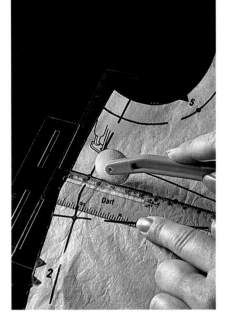

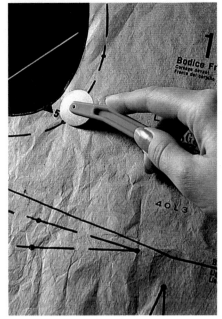

1) Coloque el papel carbón debajo del patrón, con el carbón orientado hacia el revés de cada capa de tela.

2) Pase la carretilla sobre las líneas que se van a marcar, incluyendo las líneas centrales de doblez de las pinzas, auxiliándose con una regla para trazar líneas rectas.

3) Marque los puntos y otros símbolos importantes con pequeñas rayas perpendiculares a la línea de costura, o con una "X". Use rayas cortas para marcar los extremos de las piezas o de pliegues.

Técnicas rápidas para marcar

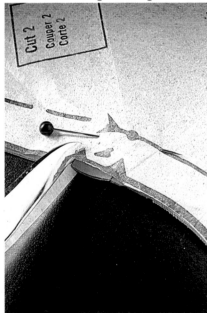

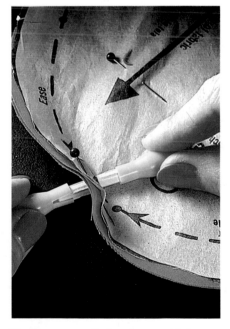

Es posible hacer **pequeños cortes** para marcar muescas, extremos de pinzas, líneas de doblez, o para identificar el centro del delantero o del trasero. Haga cortes pequeños de 3 mm en la pestaña de la costura. Haga los cortes a través del patrón y de las capas de tela con la punta de las tijeras.

Con los **alfileres** se pueden marcar pinzas, puntos negros o las líneas de doblez sin necesidad de utilizar un marcador. Ensarte los alfileres a través del patrón y la tela. Después jale el patrón sin quitar los alfileres. Marque la capa inferior de tela con otros alfileres. Asegure el primer grupo de alfileres para marcar la capa superior.

El **gis para profesional** es un lápiz que se separa en el centro y tiene greda en ambos extremos. En uno de los extremos tiene además un alfiler, el cual se inserta en la marca del patrón para después introducirlo en la otra greda. Apriete y gire ambos lados del gis para profesional para que de esta forma marque las dos capas de tela al mismo tiempo.

Técnicas de costura

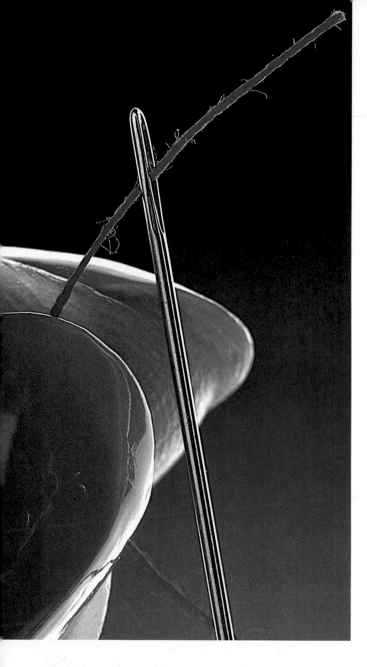

Puntadas a mano

Algunas técnicas de costura se hacen mejor a mano. Entre éstas se pueden mencionar el hilván, las costuras decorativas, las puntadas para fijar y dobladillar.

Para las costuras a mano, corte una hebra de hilo común de 46 a 61 cm (18″ a 24″) de largo. Deslícela a través del pan de cera para endurecerla y así prevenir que se enrede. Para dobladillar utilice agujas cortas (agujas para acolchar) y para hilvanar agujas largas (agujas para hilvanar o puntiagudas).

El **hilván largo** se usa para hilvanar a mano. Mantiene unidas temporalmente las dos capas de tela mientras se entallan o se cosen. Para las principiantes, tal vez sea más fácil primero hilvanar a mano, después prender con alfileres y luego hilvanar a máquina.

El **punto atrás** es considerada la más resistente de las puntadas a mano. Utilícelo en aquellas partes difíciles de coser, o para hacer bajopespunte donde es difícil la costura a máquina. Por un lado de la tela se semeja a la puntada hecha a máquina y por el otro, se ve como si fueran puntadas traslapadas.

El **punto atrás escondido** es una variación del punto atrás, con puntadas pequeñísimas por el lado derecho. Se utiliza como pespunte decorativo o para colocar un cierre a mano.

El **punto deslizado** es casi una puntada invisible, se utiliza para dobladillar, para hilvanar vistas y para el acabado de pretinas. Se usa para dar un acabado liso o para orillas dobladas.

La **crucetilla** se puede utilizar como puntada para dobladillar en las prendas forradas. *La crucetilla invisible* queda escondida entre la prenda y el dobladillo, y es particularmente adecuada para las telas de punto, ya que es una puntada flexible.

La **puntada invisible** se hace entre el dobladillo y la tela, de tal forma que las puntadas no queden visibles. Esta puntada ayuda a que la parte superior del dobladillo no se marque por el derecho de la prenda.

Cómo ensartar una aguja y rematar la costura

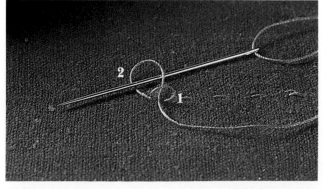

1) Introduzca el alambre del ensartador de agujas a través del ojo de la aguja. Pase el hilo por la ranura del alambre.
2) Saque el alambre por el ojo de la aguja para jalar el hilo.

Remate la costura a mano con un punto atrás al principio o al final de la costura. Haga una puntadita por el revés. Jale el hilo para formar una lazada (**1**). Después, pase la aguja por la lazada, jalando otra vez el hilo para hacer una segunda lazada (**2**). Por último, pase la aguja por la segunda lazada y jale, tensando el hilo.

Puntadas rectas

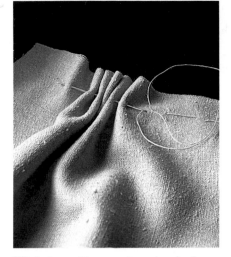

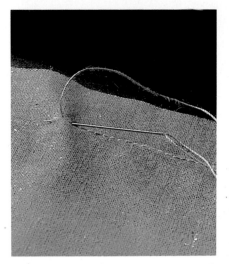

Hilván largo. Tome varias puntadas largas con la aguja antes de jalarla a través de la tela. Remate al final de la costura con un punto atrás (página opuesta). Las puntadas cortas uniformes de 6 mm (¹/4″) de largo, permiten un mejor control. El hilván común, en el que se alternan puntadas largas de 1.3 cm (¹/2″) y puntadas cortas, es propio para las costuras rectas o ligeramente curvas.

Punto atrás. Pase el hilo y la aguja a través de la tela y sáquelos por arriba. Meta una vez más la aguja de 1.5 a 3 mm (¹/6 a ¹/8″) por detrás del punto donde sacó el hilo. Avance la aguja y sáquela a la misma distancia *por enfrente* de dicho punto. Continúe metiendo y sacando la agua a la mitad de la puntada, por adelante y por atrás del punto anterior. Los puntos de abajo serán dos veces más largos que los puntos de arriba.

Punto atrás escondido. Saque el hilo y la aguja por arriba de la tela. Enseguida, introduzca la aguja a dos o tres hilos de la tela, *por detrás* del punto donde sacó el hilo anterior. Avance la aguja de 3 a 6 mm (¹/8″ a ¹/4″) *por enfrente* del punto donde sacó el hilo. En la parte superior de la tela, esta puntada se verá como pequeños "puntitos".

Puntadas para dobladillar

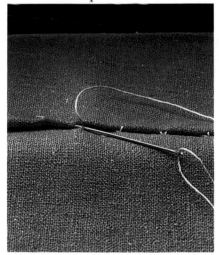

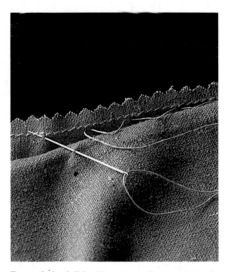

Punto deslizado. Esta puntada debe trabajarse de derecha a izquierda, sosteniendo con la mano izquierda la orilla del doblez. Pase la aguja y sáquela por arriba del doblez. Después pase la aguja por la prenda directamente en el lado opuesto del punto donde sacó el hilo, tomando uno o dos hilos de la tela. Luego, deslice la aguja por el doblez, a una distancia de 6 mm (¹/4″). Continúe haciendo puntadas con una separación de unos 6 mm (¹/4″).

Crucetilla. Esta puntada se debe trabajar de izquierda a derecha, con la aguja señalando hacia la izquierda. Primero, haga una puntada horizontal en la orilla del dobladillo; después otra en la prenda, aproximadamente 6 mm (¹/4″) a la derecha de la primera puntada, cruzando las puntadas. Alterne las puntadas siguiendo un patrón en zigzag. La crucetila invisible se trabaja igual que la puntada invisible, nada más que el doblez se mantiene en dirección contraria a uno.

Puntada invisible. Esta puntada se trabaja de derecha a izquierda, con la aguja señalando hacia la izquierda. Doble hacia atrás del borde del dobladillo aproximadamente 6 mm (¹/4″). Después haga una puntada horizontal muy pequeña en la prenda. La siguiente puntada se hace en el dobladillo, de 6mm a 1.3 cm (¹/4″ a ¹/2″) a la izquierda de la primera puntada. Continúe alternando las puntadas. Procure que las puntadas en la prenda sean muy pequeñas, y no las apriete demasiado.

Sugerencias para las costuras a máquina

En la actualidad, muchas de las técnicas de costura a mano tradicionales se pueden hacer totalmente a máquina. La forma más rápida de coser es hacer una prenda completamente a máquina. Estudie el manual de su máquina de coser para que se entere qué puntadas puede hacer con ella.

Cuando empiece la costura a máquina, pase los hilos por detrás de la aguja para que no se atoren en los dientes del impelente.

Utilice la placa aguja correcta. La placa aguja para puntada recta impide que las telas delicadas como la gasa de algodón, la batista o las telas de punto ligeras, se atoren en el impelente. Usela sólo para costuras rectas junto con el prensatelas para puntadas rectas.

Utilice una guía de costuras para que la pestaña de la costura quede pareja. Esta guía se fija a la base de la máquina y se ajusta para hacer costuras de 3 mm a 3.2 cm (¹/8″ a 1 ¹/4″) de ancho. La guía de costuras gira sobre su eje para hacer costuras curvas, y es especialmente útil para hacer costuras muy angostas o muy anchas.

Cosa a una velocidad uniforme, adecuada a la tela y tipo de puntada. Las costuras largas hágalas a toda velocidad, y las costuras curvas y cortas, lentamente.

No cosa sobre los alfileres. Nunca coloque los alfileres por la parte de abajo de la tela, ya que podrían atorarse en los dientes del impelente.

Utilice los accesorios adecuados para la labor de costura que esté realizando. Consulte el manual de su máquina si usted no está segura de qué accesorios utilizar.

Para rematar haga una costura en reversa o anude los cabos de hilo (página opuesta) al principio o al final de la línea de costura. Esto evitará que se safen las puntadas.

Utilice la técnica de costura continua sin cortar la hebra (página opuesta) para ahorrar tiempo cuando haga varias costuras sencillas y costuras de refuerzo.

Cómo hacer una costura en reversa

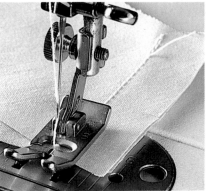

1) Coloque la aguja a 1.3 cm (½″) de la orilla superior de la tela. Baje el prensatelas y ajuste la máquina para coser en reversa. Haga la costura en reversa casi hasta llegar a la orilla.

2) Cambie el ajuste para la puntada hacia adelante y haga la costura. Cosa hasta la orilla de la tela y no más lejos. Ajuste la máquina en reversa y cosa hacia atrás aproximadamente 1.3 cm (½″).

3) Levante la aguja y quite la tela, sacándola por detrás y hacia la izquierda de la aguja. Corte las hebras de hilo cerca del extremo de la costura.

Cómo atar los cabos de hilo

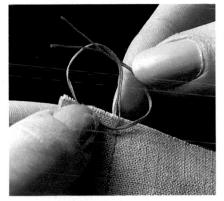

1) Corte los hilos dejando cabos de 10 cm (4″). Con la mano izquierda sostenga los hilos y forme una lazada, después con la mano derecha pase los hilos a través de la lazada.

2) Sostenga los cabos de hilo con la mano izquierda, y después pase un alfiler a través de la lazada, deslizando ésta hacia la tela.

3) Jale los cabos de hilos hasta que la lazada forme un nudo. Ahora, quite el alfiler y corte los hilos hasta el nudo.

Cómo hacer costuras continuas

1) Cosa hasta el final de una costura o sección. Termine la costura hasta salirse de la tela. Sin cortar el hilo y sin alzar el prensatelas, continué con la otra costura.

2) Siga cosiendo tantas costuras o secciones como le sea posible, sin tener que detenerse.

3) Corte la cadena de hilos que hay entre cada sección. Abra y planche todas las costuras al mismo tiempo.

Técnicas de costuras a máquina

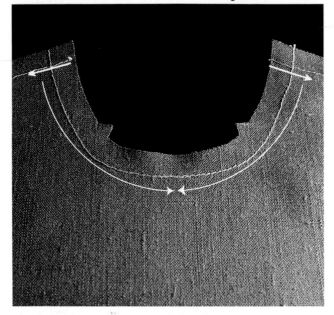

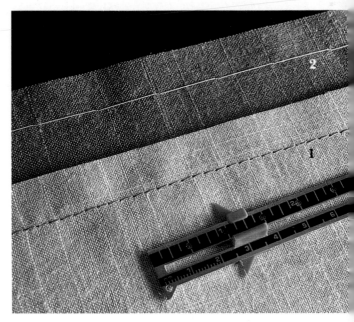

El pespunte para evitar que se deforme la prenda es una línea de puntadas regulares a máquina, colocadas a una distancia de 1.3 cm (¹/₂″) de la orilla de la costura en una sola capa de tela. Uselo en las áreas curvas y en ángulo, como en los escotes, línea de la cadera o en la cintura para evitar que se estiren cuando se está trabajando con ellas. Haga la costura al hilo o en una sola *dirección:* generalmente se cose de la parte más ancha de la prenda a la más angosta.

El hilván a máquina (1) es la puntada más larga de la máquina de coser. Se utiliza para unir temporalmente dos o más capas de tela que se van a coser, planchar o entallar. Algunas máquinas tienen una puntada de hilván extra larga (**2**). Para quitar el hilván con facilidad, afloje la tensión superior antes de hacer el hilván a máquina.

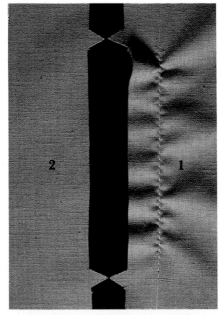

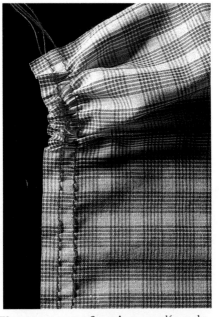

El pespunte de refuerzo comprende de 18 a 20 puntadas cada 2.5 cm (1″); se hace sobre la línea de costura para reforzar la tela en las áreas de tensión. También se usa en las esquinas o curvas que deben recortarse, como la "V" de un escote en V, o en los ángulos rectos de un escote cuadrado.

El pespunte para desvanecer (embeber) es una hilera de puntadas que se hacen sobre la línea de costura, en una sola capa de tela. Este pespunte se hace cuando una de las piezas es ligeramente más amplia (**1**) y se tiene que ajustar a la más corta (**2**). Utilice puntadas largas y afloje la tensión ligeramente.

El pespunte para fruncir es una línea de puntadas largas que se hace sobre la línea de costura. Para controlar mejor los frunces, generalmente se hace un segundo pespunte, en la pestaña de la costura aproximadamente a 6 mm (¼″) del primero. Afloje la tensión superior antes de empezar. Para fruncir la tela, jale los hilos de la bobina.

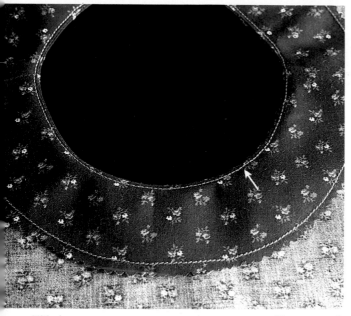

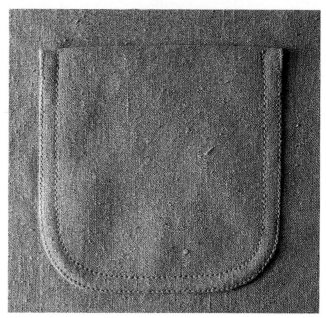

El bajopespunte es una costura recta que se utiliza para evitar que las vistas se asomen por el derecho de la prenda. Rebaje, recorte y planche las pestañas hacia las vistas. Luego cosa por el derecho de las vistas, cerca de la línea de costura.

El sobrepespunte se hace por el derecho de la prenda. Cosa por el derecho de la tela con hilo común o con torzal para hacer sobrepespunte y ojales. Alargue la puntada ligeramente, y afloje la tensión para obtener una puntada más pronunciada.

Dos maneras de descoser costuras

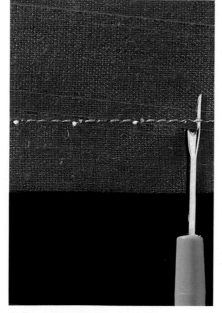

Meta la punta del descosedor por debajo de la costura. Con mucho cuidado, descosa una o dos puntadas al mismo tiempo, manteniendo tensos los extremos de la tela. No deslice el descosedor a lo largo de la costura. Utilice esta técnica cuando la línea de costura queda oculta.

1) Descosa una costura visible cortando las puntadas por un lado de la costura, a intervalos de 1.3 a 2.5 mm (1/2″ a 1″), con un descosedor o con tijeras puntiagudas y filosas.

2) Jale el hilo del otro lado de la costura. Quite las hebras del primer lado con un cepillo o con una tela adhesiva.

Costuras

La costura es el elemento básico en la confección de una prenda de vestir. La costura se hace al coser dos piezas de tela juntas. Por regla general, la costura suele hacerse a 1.5 cm (⅝″) de la orilla de la tela. Las costuras perfectas son prueba fehaciente de una prenda bien hecha. Una costura fruncida, chueca o despareja arruina el ajuste y la apariencia del modelo.

Las costuras no sólo sirven para unir una prenda, también pueden usarse como parte del adorno de la misma. Las costuras colocadas en lugares poco usuales, o los sobrepespuntes de color contrastante, le dan vista a una prenda.

La mayoría de las costuras sencillas requieren de un *acabado* para evitar que la tela se deshilache. Un acabado es una forma de rematar o cerrar las orillas de las costuras para que éstas tengan mayor duración y no se deshilachen.

Existen otras variaciones de la costura sencilla, entre ellas: *la costura ribeteada, la costura cerrada, el sobrepespunte,* y los *pespuntes para desvanecer* (embeber). También tenemos la costura inglesa, que es más resistente y le da forma a la prenda. Algunas costuras, como la costura francesa o la ribeteada, mejoran el aspecto y la durabilidad de la prenda.

Cómo hacer costuras a máquina

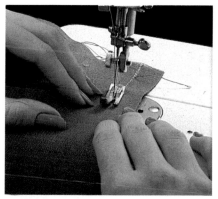

Coloque la parte más amplia de la tela hacia el lado izquierdo de la aguja y la pestaña de la costura hacia la derecha. Sostenga y guíe la tela con ambas manos mientras cose.

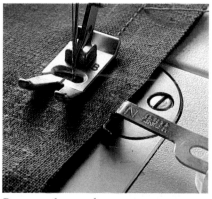

Para ayudarse a hacer costuras rectas, **utilice** las líneas guías sobre la placa aguja de la máquina. Para una ayuda adicional, utilice una guía de costura o tela adhesiva colocada a la distancia convenida de la aguja.

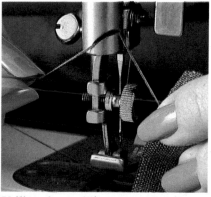

Utilice el cortahilos que se localiza en la parte posterior de la barra del prensatelas para cortar el hilo de la costura, o utilice un cortahilos para cortar los cabos.

Cómo hacer una costura sencilla

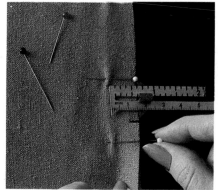

1) Prenda la costura con los derechos de la tela encontrados, a intervalos regulares. Haga coincidir las muescas y otras marcas con precisión. Coloque los alfileres en ángulo recto a la línea de costura, a 1.5 cm (⅝″) de la orilla, con las puntadas apenas rebasando la línea de costura y las cabezas hacia la orilla cortada para poder quitarlos con facilidad.

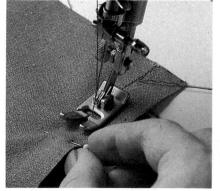

2) Remate la costura con unas puntadas en reversa (página 59). Después siga cosiendo sobre la línea de costura, y vaya quitando los alfileres conforme avanza. Al final cosa en reversa 1.3 cm (½″) para rematar la costura. Corte los cabos de hilos.

3) Planche la tela por el revés para aplanar la costura. De esta manera, las puntadas se mezclan con la tela. Después planche la costura abierta. Utilice sus dedos o el extremo romo de la plegadera de madera para abrir las costuras a medida que las plancha. Si la costura es curva, como en el área de la cadera en una falda o pantalón, plánchela sobre el área curva de un cojín de sastre.

Acabados

Una costura con acabado añade un toque de alta costura y mejora el aspecto de cualquier prenda. Para evitar que las telas tejidas en telar se deshilachen y que las costuras en las telas de punto se enrollen, es mejor darle un acabado a las costuras. Los acabados también refuerzan las costuras y ayudan a resistir más el lavado y el uso repetido, lo que permite que la prenda luzca como nueva durante más tiempo.

El acabado de las costuras se debe hacer a medida que se une una línea de costura, antes de cruzarla con otra. Un acabado no debe abultarse o marcarse en el derecho de la tela luego de planchar la prenda. Si no está segura de qué acabado utilizar, haga varias pruebas en distintos retazos de tela para ver cuál es el más apropiado para su costura.

Los acabados de costura que se muestran aquí empiezan todos con una puntada sencilla. También se pueden usar para el acabado de orillas visibles en dobladillos y vistas.

El **acabado** de costuras **con el orillo** no requiere de costura adicional. Es el indicador para las costuras rectas en las telas tejidas en telar, lo único que se necesita es acomodar el patrón de modo que la línea de costura quede en el orillo de la tela.

El **acabado** de costuras **con pespunte y corte en picos** es adecuado para las telas de tejido firme. Es un acabado fácil y rápido que evita que la tela se deshilache y que se enrede.

El **acabado** de costuras **con doblez y pespunte** (también llamado el *acabado liso*) es el indicador para telas tejidas en telar ligeras y semigruesas.

El **acabado** de costuras **con zigzag** evita que la tela se deshilache. Es el acabado indicado para las telas de punto, ya que la costura de zigzag da más de sí que las costuras rectas. Para estos acabados se utilizan las puntadas de zigzag de la máquina de zigzag automática.

Acabados básicos de las costuras

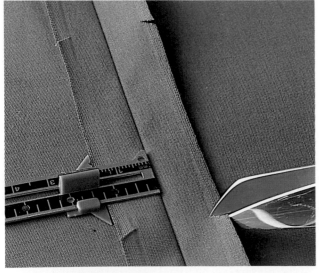

Acabados al orillo. Acomode el patrón de tal modo que las orillas de la costura queden en el orillo. Para evitar que la tela se frunza o se abolse, haga unos cortes diagonales en ambos orillos a intervalos de 7.5 a 10 cm (3″ a 4″) después de que haya hecho costura.

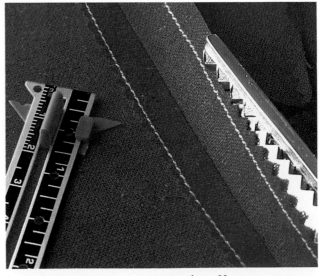

Acabado con pespunte y corte en picos. Haga un pespunte a 6 mm (¼″) de la orilla de cada pestaña. Planche la costura abierta. Recorte cerca del pespunte con tijeras de pico o de festón.

El acabado de costuras con doblez y pespunte

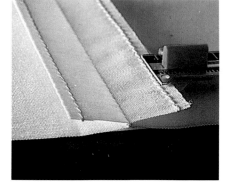

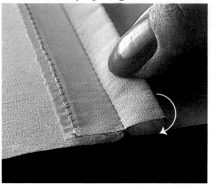

1) Haga un pespunte a una distancia de 3 a 6 mm (¹/₈″ a ¹/₄″) de la orilla de cada pestaña. En las orillas rectas tal vez no sea necesario este pespunte.

2) Voltee hacia abajo la pestaña sobre la línea de pespunte. El pespunte ayuda a voltear hacia abajo las orillas, especialmente en las costuras.

3) Haga un pespunte cerca de la orilla del doblez, solamente a través de la pestaña. Planche la costura abierta.

El acabado de costuras con zigzag

1) Seleccione la puntada de zigzag más ancha. Haga un pespunte cerca, no sobre la orilla de cada pestaña.

2) Recorte la pestaña cerca del pespunte, pero tenga cuidado de no cortar el pespunte.

Otros acabados con zigzag

Sobrehilado con zigzag. Si es necesario, recorte las orillas de las costuras para que estén parejas. Ajuste el largo y el ancho de la puntada de zigzag de acuerdo con el tipo de la tela. Haga un pespunte cerca de la orilla de cada pestaña para que las puntadas queden en la orilla. Si la tela se frunce, hay que aflojar la tensión renduciéndola a un número más bajo.

Zigzag en tres pasos. Utilice la puntada en la cual se pueden hacer tres puntadas pequeñas en el espacio de una puntada de zigzag. Coloque en la máquina el disco correspondiente a la puntada y ajuste el ancho y largo de puntada de acuerdo con el tipo de tela. Haga el pespunte cerca de la orilla de la pestaña, teniendo, cuidado de no estirar la tela. En algunas máquinas, la *puntada ondulada* da los mismos resultados. Recorte cerca de la línea de pespunte.

Sobrehilado con puntada elástica. Empareje las pestañas cortándolas. Coloque el disco correspondiente de la puntada y el prensatelas para sobrehilar (página 15). Haga un pespunte sobre la orilla recortada de la pestaña. Si se quiere una puntada más angosta en las telas delgadas, utilice un prensatelas para uso general.

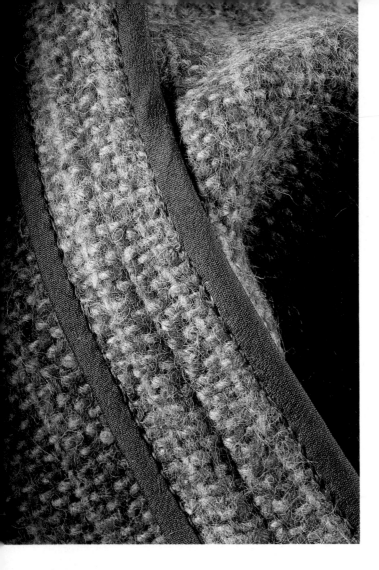

Costuras ribeteadas

Estos acabados tapan totalmente la orilla cortada de las pestañas de las costuras, evitando que se deshilachen. Asimismo, realzan la apariencia interna de la prenda. Las costuras ribeteadas son una buena opción para las chaquetas que no van forradas, especialmente para aquellas hechas con telas gruesas o con telas que se deshilachan con facilidad.

Los ribetes que se utilizan con mayor frecuencia son: ribete con cinta de bies, ribete de tul y el acabado Hong Kong. Estos tres tipos de acabados se pueden utilizar en telas semigruesas como: el chino, la mezclilla, el lino, la gabardina y la franela; y en las telas gruesas como: las lanas, el terciopelo, la terciopana y la pana. Comience cada uno de estos acabados con una costura sencilla. Los ribetes también se pueden usar en dobladillos y orillas con vistas.

El ribete con cinta de bies es el más fácil de estos acabados. Compre cinta de bies redoblada, que se puede adquirir en nylon, poliéster o algodón, que combine con la tela de la prenda.

El **ribete de tul** es un acabado que se nota poco y se usa para telas transparentes y delicadas, o para telas gruesas y con pelillo. Compre cinta de bies de tul o corte tiras de tul fino o de malla de nylon de 1.5 cm ($^5/_8$ ") de ancho. Para una mayor elasticidad, la malla de nylon se debe cortar al sesgo y el tul con la trama.

El acabado Hong Kong es una técnica de alta costura que se usa en la ropa de diseñador, pero debido a que es muy sencilla y le da al interior de la prenda un terminado muy elegante, se ha convertido en la preferida de muchas aficionadas de la costura.

Ribete de cinta de bies

Doble la cinta de bies ocultando la orilla de la pestaña, con la parte más ancha del bies por debajo. Después, cosa la cinta cerca de la orilla interna del bies, abarcando el doblez más ancho de abajo.

Ribete de tul

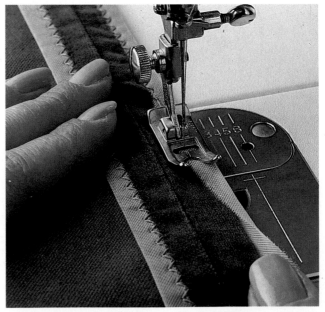

Doble la tira de tul a lo largo y a la mitad, y tape con ella la orilla de la pestaña. A medida que cose, estire ligeramente el bies, de esta manera se irá doblando en forma natural sobre la orilla cortada. Cósalo con puntada recta o con puntada de zigzag de ancho mediano.

Cómo hacer el acabado Hong Kong

1) Corte tiras de bies con un ancho de 3.2 cm (1¼ ") de tela para forros. Una éstas según sea necesario (página 50) para obtener tiras dos veces más largas que las costuras donde se van a aplicar.

2) Alinee la tira de bies por el derecho de la pestaña. Cósala a 6 mm (¼ ") de distancia de la orilla, estirándola ligeramente a medida que lo hace. Utilice el borde del prensatelas como guía de costuras.

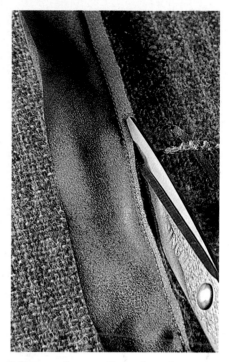

3) Recorte la pestaña en las telas gruesas, dejándolas de 3 mm (⅛") para que no se abulten las costuras. En las telas delgadas no es necesario recortar las pestañas.

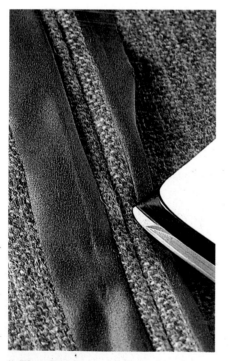

4) Planche el bies hacia atrás sobre la orilla de la pestaña. Ahora, doble el bies hacia abajo de modo que cubra la pestaña.

5) Prenda con alfileres la tira de bies a través de todas las capas. La orilla cortada de bies no requiere acabado, ya que los cortes al sesgo no se deshilachan.

6) Cosa sobre el canal (la costura donde se unió la tira de bies con la tela). Este pespunte no se ve por el derecho pero abarca la orilla cortada del bies por debajo. Planche ligeramente.

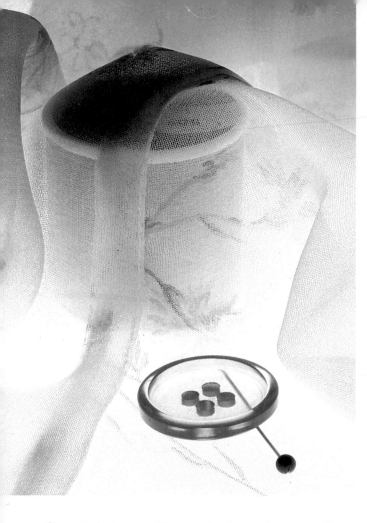

Costuras cerradas

Las costuras cerradas se diferencian de las ribeteadas porque no necesitan tela adicional o ribetes. Las pestañas de las costuras se ocultan con la costura misma. Las costuras cerradas son las más apropiadas para las telas ligeras, ya que el abultamiento adicional no crea problema. Estas costuras son especialmente adecuadas para las telas transparentes, ya que con éstas no se traslucen pestañas sin acabado. Utilice el prensatelas y la placa aguja para puntadas rectas (página 14), a fin de evitar que estas telas se atoren en el impelente.

Utilice las costuras cerradas para blusas, chaquetas sin forro, lencería y cortinas transparentes. También son excelentes para la ropa de niños, ya que duran más a pesar del uso excesivo y el lavado continuo.

La **costura con ribete de la misma tela** se empieza con una costura sencilla, después se dobla una de las pestañas sobre la otra y se vuelve a coser.

La **costura francesa**, por el derecho se ve como si fuera una costura sencilla, y por el revés, como si fuera un pliegue angosto. Se empieza uniendo los reveses de la tela. Esta costura es difícil de hacer en las áreas curvas, por lo tanto se usa en costuras rectas.

La **costura tipo francesa** empieza con una costura sencilla, luego se recortan las pestañas, se doblan hacia adentro y se hace una costura a lo largo de los dobleces. Las costuras con ribete de la misma tela y la tipo francesa se pueden utilizar para las áreas curvas o rectas.

Costura con ribete de la misma tela

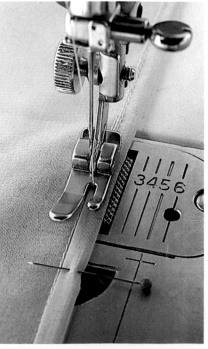

1) Haga una costura sencilla. No la planche abierta. Recorte una de las pestañas y déjela de 3 mm (¹/₈″).

2) Doble 3 mm (¹/₈″) la pestaña que no fue cortada. Después, dóblela otra vez de manera que tape la orilla cortada y acomode el doblez en la línea de costura.

3) Haga un pespunte a lo largo del doblez, tan cerca como le sea posible de la primera costura. Planche la costura hacia un solo lado.

Costura francesa

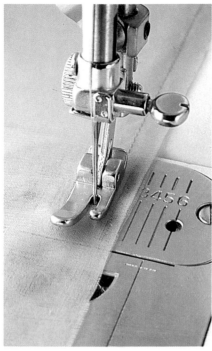

1) Prenda con alfileres la tela, colocando hacia adentro los reveses de ésta. Después cosa por el derecho de la tela a 1 cm (³/₈″) de la orilla.

2) Recorte la pestaña dejando sólo 3 mm (¹/₈″). Doble la tela de forma que los *derechos* queden encarados, y la línea de costura exactamente en el doblez. Planche la costura.

3) Cosa otra vez a 6 mm (¼″) del doblez. Con este paso las pestañas quedan encerradas. Revise el derecho de la prenda para ver si hay hebras salidas. Planche la costura hacia un lado.

Costura tipo francesa

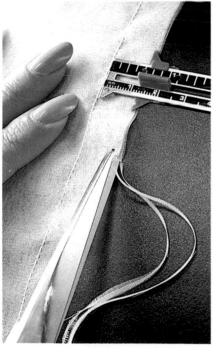

1) Haga una costura sencilla. Recorte las pestañas dejándolas de 1.3 cm (½″). Después plánchelas abiertas.

2) Doble 6 mm (¼″) y planche ambas costuras hacia adentro. De manera que las orillas cortadas queden sobre la línea de costura.

3) Cosa juntas las orillas sueltas tan cerca de los dobleces como le sea posible. Planche toda la costura hacia un solo lado.

Costuras con sobrepespunte

La ropa deportiva y de calle a menudo luce costuras sobrepespunteadas. El sobrepespunte les añade un toque decorativo y al mismo tiempo mantiene planas las pestañas de las costuras. Las costuras con sobrepespunte son firmes y durables debido a que la costura se cose dos o tres veces.

Entre las costuras con sobrepespunte más comunes encontramos: la costura sencilla con sobrepespunte, el sobrepespunte unilateral, la costura inglesa, la costura tipo inglesa y la costura traslapada. Estas costuras son ideales para las telas duras y difíciles de planchar, como la mezclilla, la popelina y las telas de punto.

El **sobrepespunte unilateral** generalmente lo encontramos en trajes, abrigos, ropa deportiva y pantalones. Una de las pestañas se recorta y luego se oculta con la otra pestaña. Este sobrepespunte crea un suave borde y le da un aspecto más pronunciado a la costura.

La costura inglesa es muy común en ropa para hombres, ropa para niños, en pantalones de mezclilla y prendas de dos vistas o de hechura sastre para mujeres. Es una costura resistente que aguanta el uso frecuente y el lavado constante. En esta costura se cubren ambas pestañas, de tal manera para que las orillas no se deshilachen. Para la costura inglesa se necesita que la persona sea paciente y cuidadosa con los detalles, ya que todo el pespunte se hace por el derecho de la prenda. Cuando vaya a hacer esta costura, no haga pequeños cortes en las pestañas.

La costura tipo inglesa tiene la apariencia del acabado profesional de la costura inglesa; sin embargo, es más fácil que ésta. La costura tipo inglesa es útil para telas que no se deshilachan fácilmente, ya que una de las pestañas queda a la vista.

La costura traslapada se puede coser de dos maneras. Una de ellas se utiliza para eliminar también los abultamientos cuando se cosen las entretelas. La otra costura traslapada se utiliza en telas no tejidas, como el ante y las pieles sintéticas, o el fieltro.

Para hacer un **sobrepespunte** en una costura sencilla, primero hay que planchar las costuras abiertas. Por el lado derecho, haga un sobrepespunte a 6 mm (¼ ") de la línea de costura a cada lado de ésta. Utilice el ancho del prensatelas como guía. Cuando haga el pespunte a una distancia mayor o menor, utilice como guía de costura cinta adhesiva para hilvanar o la barra guía para acolchar.

Cómo hacer el sobrepespunte unilateral

1) Haga una costura sencilla. Planche ambas pestañas hacia un solo lado, luego recorte la pestaña que quedará abajo, dejándola de 6 mm (¼ ").

2) Haga un sobrepespunte por el lado derecho a una distancia de 6 mm a 1.3 cm (¼ " a ½ ") de la línea de costura, dependiendo del grosor de la tela y del detalle de acabado que se quiera obtener, abarcando ambas pestañas.

3) La costura terminada se plancha con ambas pestañas hacia un mismo lado, pero no queda abultada porque una de las pestañas ha sido recortada y cubierta.

Cómo hacer la costura inglesa

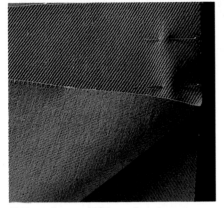

1) Prenda con alfileres la tela encarando los reveses, sobre la línea de costura, colocando las cabezas de los alfileres hacia las orillas. Cosa abarcando la distancia acostumbrada de 1.5 cm (⅝ ″).

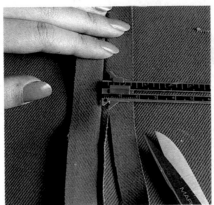

2) Planche las pestañas hacia un solo lado. Recorte la pestaña inferior, dejándola de 3 mm (⅛ ″).

3) Voltee y doble 6 mm (¼ ″) la pestaña superior; luego, plánchela.

4) Prenda con alfileres la pestaña doblada a la prenda, ocultando la pestaña recortada.

5) Haga un pespunte en la orilla del doblez, quitando los alfileres a medida que vaya cosiendo.

6) La costura ya terminada es una costura plana reversible, con dos líneas de costura visibles en cada lado.

Cómo hacer una imitación de la costura inglesa

1) Haga una costura sencilla. Planche las pestañas hacia un mismo lado. Recorte las pestaña inferior, dejándola de 6 mm (¼ ″).

2) Haga un sobrepespunte por el lado derecho de la prenda de 6 mm a 1.3 cm (¼ ″ a ½ ″) de la línea de costura. Haga el pespunte cerca de la línea de costura.

3) La costura terminada se ve como la costura inglesa por el derecho, pero por el revés, tiene una pestaña a la vista.

Cómo hacer la costura traslapada en entretelas

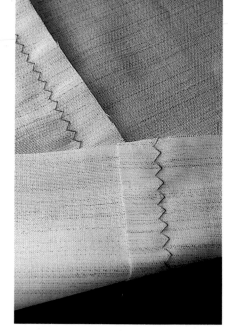

1) Marque la línea de costura con una greda, o con pequeños cortes en ambos extremos de la línea de costura. Superponga una orilla sobre la otra, haciendo coincidir las líneas de costura.

2) Cosa sobre la línea de costura con puntadas anchas de zigzag o con puntada recta.

3) Recorte ambas pestañas cerca del pespunte para evitar que la costura se abulte.

Cómo hacer una costura traslapada en telas sin tejido

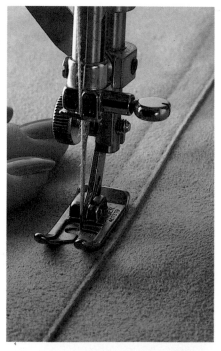

1) Marque la línea de costura sobre las piezas que va a unir con una greda, lápiz marcador o con cinta adhesiva para hilvanar. Recorte una de las pestañas.

2) Sobreponga la orilla recortada sobre la otra pestaña, con los derechos hacia arriba de manera que la línea recortada quede sobre la línea de costura. Después ponga cinta adhesiva, alfileres o pegamento para mantener las piezas en su lugar.

3) Haga un pespunte sobre la orilla cortada por el derecho de la tela. Haga un sobrepespunte a 6 mm (¼ ″) de la orilla. Esta costura le dará la apariencia de una costura inglesa.

Costuras desvanecidas (embebidas)

Cuando se van a unir dos piezas y una es más larga que la otra, la grande debe *desvanecerse* (embeberse) para que se ajuste al tamaño de la más chica. Las costuras desvanecidas, por regla general se usan en las costuras de hombros, canesú, codos, pretinas o mangas. Estas costuras brindan libertad de movimiento sin provocar el abultamiento de los pliegues. Una costura desvanecida perfecta no tiene pliegues ni frunces en la línea de la costura. Esta costura se usa con mayor frecuencia para montar las mangas. Es una técnica básica que con práctica se podrá dominar perfectamente.

Cómo hacer una costura desvanecida

1) El pespunte para desvanecer (embeber) se hace sobre la línea de costura o ligeramente hacia adentro. El largo de la puntada en este caso equivale de 8 a 10 puntadas cada 2.5 mm (1″). A medida que cose, empuje ligeramente la tela a través de la máquina. Esto hará que el pespunte jale automáticamente la tela.

2) Prenda con alfileres la pieza con el pespunte a la pieza más chica por ambos extremos de la línea de costura y a intervalos, casando con precisión las muescas y cualquier otra marca. Ajuste el pespunte para desvanecer, jalando el hilo de la bobina. Coloque los alfileres tan próximos como sea necesario para distribuir uniformemente la amplitud de la tela.

3) Haga otro pespunte sobre la línea de costura, con el primer pespunte hacia arriba, quitando los alfileres según vaya avanzando.

Cómo montar una manga

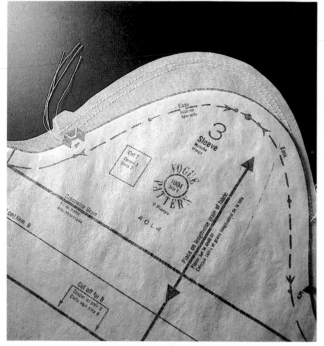

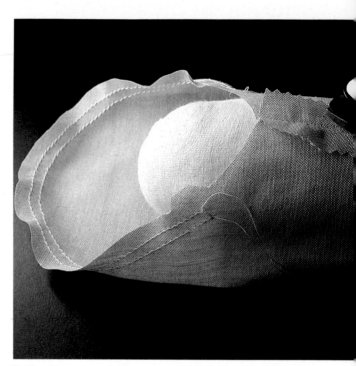

1) Haga un pespunte para desvanecer en el casquete de la manga (el área comprendida entre las muescas delantera y trasera) por el derecho, ligeramente adentro de la línea de costura. Haga un segundo pespunte para desvanecer a 1 cm (⅜ ") de la orilla.

2) Una la costura del brazo, encarando los derechos. Planche la costura cerrada y después abierta. Use el planchamangas o el brazo de sastre para que la costura no se marque por fuera de la manga.

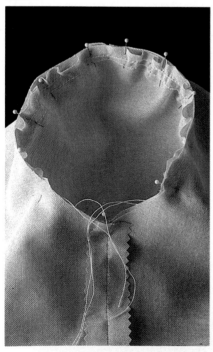

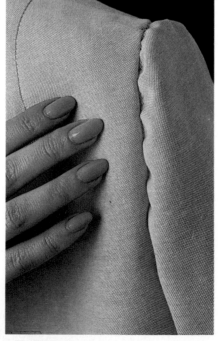

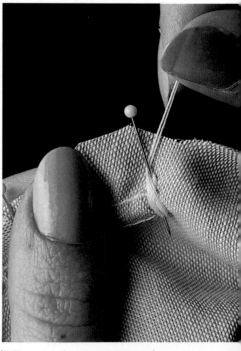

5) Prenda la manga a la sisa, a intervalos relativamente cerca, utilizando más alfileres en el área donde se abulte más la costura desvanecida.

6) Revise la manga por el derecho, para que la línea de ajuste esté lisa y el área desvanecida no se vea fruncida. Ajuste si es necesario. En la pestaña puede haber pequeños pliegues o frunces, pero no en la línea de costura.

7) Remate el pespunte para desvanecer trazando un 8 en cada uno de los alfileres en las muescas delantera y trasera.

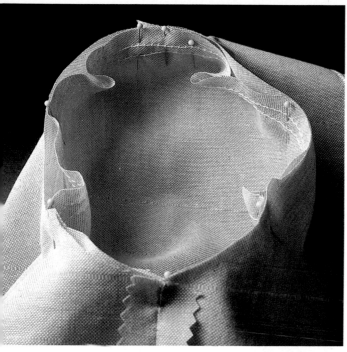

3) Voltee la manga al derecho. Después, voltee la prenda con el revés hacia afuera. Meta la manga en la sisa, encarando los derechos y casando las muescas, las marcas de los puntos, la costura del brazo y la línea del hombro. Prenda con alfileres la línea de costura para lograr un mejor control del área que se va a desvanecer.

4) Jale los hilos de la bobina en el pespunte para desvanecer, hasta que el casquete se ajuste a la sisa. Distribuya uniformemente la amplitud, dejando 2.5 cm (1″) lisos (sin desvanecer) en la costura del hombro, en la parte superior del casquete de la manga.

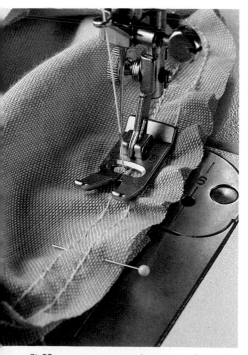

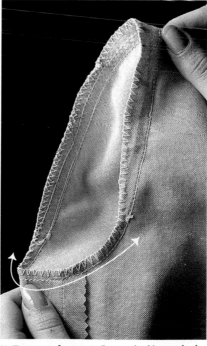

8) Haga una costura justo por fuera de la línea del pespunte para desvanecer, manteniendo la pieza de la manga hacia arriba; empiece en una muesca, haga una costura alrededor de la manga; cosa más allá del punto donde empezó y refuerce la sisa con dos pespuntes. Quite los alfileres a medida que cose.

9) Recorte la pestaña en la línea de la sisa, en el área comprendida entre las dos muescas, dejándola de 6 mm (¼″). No recorte la pestaña del casquete de la manga. Haga una costura de sobrehilado en zigzag en las pestañas.

10) Planche la pestaña del casquete de la manga únicamente, utilizando el guante de sastre o el borde del planchamanga. No planche la manga.

Costuras curvas

Las costuras curvas crean una línea de ajuste suave, ya que amoldan una pieza plana de tela a los contornos del cuerpo. En la costura de corte princesa, una curva hacia adentro o cóncava se une a una curva hacia afuera o convexa. Las líneas de costura de las dos secciones que se van a unir generalmente tienen la misma longitud; sin embargo, la orilla cortada de la curva que va hacia adentro es más corta y la que va hacia afuera es más larga que la línea de costura. Debido a que estas orillas no tienen la misma longitud, en la curva que va hacia adentro se deben hacer *pequeños cortes* para permitir que la orilla cortada estire antes de que se una la costura. Después de unir la costura, se deben hacer unas *muescas* en la curva hacia afuera para evitar que la costura se abulte luego de abrirla y plancharla.

Los cortes y las muescas también se utilizan en otro tipo de costuras curvas, como en la costura que une un cuello recto a un escote curvo. En los cuellos, puños, bolsillos, aletillas o festones curvos se pueden hacer los cortes y muescas rápidamente con unas tijeras de picos.

Para hacer una costura curva, disminuya el largo de la puntada y cosa muy despacio para lograr un mejor control. Un largo de puntada menor también aumenta la resistencia y elasticidad de la costura, evitanto que se rompa.

Utilice una guía de costuras para que las costuras tengan un ancho uniforme. Para ajustar las curvas, mueva la guía de costuras en ángulo, de tal manera que el extremo de la guía quede a 1.5 cm (5/8″) de distancia de la aguja.

Cómo hacer la costura de corte princesa

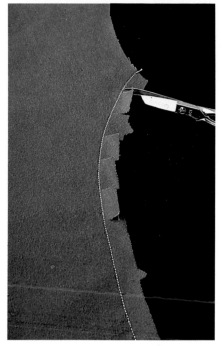

1) Haga un pespunte de refuerzo (página 60) por dentro de la línea de costura de la curva hacia afuera de la pieza central. Haga pequeños cortes a intervalos, a todo lo largo de la pestaña, en la línea de pespunte.

2) Prenda con alfileres las curvas hacia adentro y hacia afuera, encarando los derechos, con las orillas recortada hacia arriba. Estire un poco la curva hacia adentro para casar las marcas y poder ajustarla a la curva hacia afuera.

3) Haga un pespunte sobre la línea de costura, colocando la pieza con los cortes por encima; utilice puntadas más cortas que las que generalmente se usan para la tela. Tenga cuidado de que la capa inferior de la tela quede lisa.

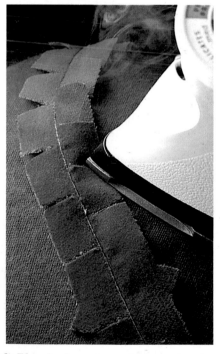

4) Haga unas muescas triangulares en la pestaña de la curva hacia afuera, para ello hay pequeños dobleces en la pestaña y luego córtelos ligeramente en ángulo. Tenga cuidado de no cortar la línea de costura.

5) Planche la costura cerrada para alisar las puntadas. Voltee y planche por el otro lado.

6) Planche la costura abierta sobre la curva de la almohadilla de sastre, sólo con la punta de la plancha. No planche la prenda. Si las líneas de costura no se planchan con el contorno, se deformarán y perderán forma.

Costuras elásticas

Entre las telas elásticas para ropa deportiva o casual encontramos el jersey, la toalla stretch, el velour stretch y otras telas de punto. Entre las telas tejidas en telar elásticas tenemos la mezclilla stretch, la popelina stretch y la pana stretch. Para los trajes de baño y los leotardos se pueden adquirir las telas de punto de lycra.^{MR} Las costuras en estas telas deben ser elásticas o "dar de sí" con la tela. Algunas máquinas de coser tienen puntadas de puntos especiales que dan elasticidad.

Pruebe la costura o la puntada para telas de punto en un retazo a fin de determinar si es la indicada para el grosor y elasticidad de su tela. Algunas de las puntadas para telas de punto especiales son más difíciles de descoser que la costura recta; de modo que asegúrese de que la prenda le ajusta bien antes de coserla. Debido a que las telas de punto no se deshilachan, por lo general no necesitan de un acabado.

La costura doble refuerza la costura principal. Utilice este método si su máquina no hace la puntada de zigzag.

La costura recta y con zigzag combina una costura recta con la elasticidad del zigzag. Es un acabado adecuado para las telas de punto que tienden a enrollarse a lo largo de las pestañas.

La costura de zigzag angosta se utiliza para las telas de punto que no se enrollan. Es una costura elástica rápida y fácil de hacer.

La puntada elástica recta se hace con un movimiento hacia adelante y hacia atrás en las máquinas con reversa. Con ésta se obtiene una costura fuerte y elástica, apropiada para las áreas sometidas a tensión, como las sisas.

La puntada recta con sobrehilado forma un dibujo especial en el cual se combinan una puntada elástica recta con un pespunte diagonal. Une y termina la costura en un sólo paso.

La puntada elástica de resorte es ideal para trajes de baño y leotardos. En esta costura se combinan una puntada a zigzag angosta con otra ancha.

La costura con cinta de refuerzo se utiliza en las áreas que uno no quiere que estiren, como en las costuras de los hombros.

Cómo hacer una costura con cinta de refuerzo

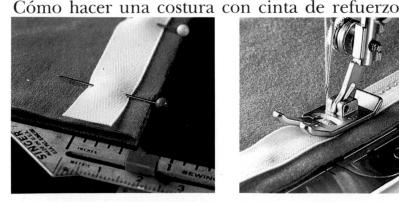

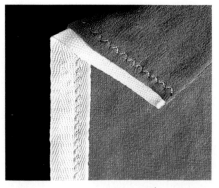

1) Prenda la tela con los derechos encarados para que la cinta asargada o el extrafor quede sobre la línea de costura. Coloque el extrafor de modo que quede de 1 cm (⅜ ") sobre la pestaña.

2) Cosa utilizando la puntada doble, recta y de zigzag, el sobrehilado o la costura de zigzag angosta. Planche la costura abierta o a un solo lado, dependiendo de la costura que haya seleccionado.

3) Recorte la pestaña cerca del pespunte, teniendo cuidado de no cortar el extrafor.

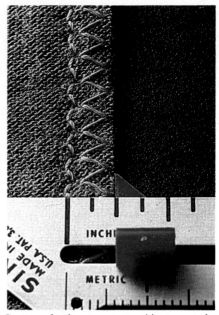

Puntada doble. Haga un pespunte recto sobre la línea de costura, estirando la tela ligeramente a medida que cose para que la costura tenga soltura. Haga un nuevo pespunte de 3 mm (⅛ ") de la pestaña. Recorte cerca de la segunda costura. Planche la costura hacia un mismo lado.

Puntada recta y de zigzag. Haga un pespunte sobre la línea de costura con puntada recta, estirando la tela ligeramente a medida que cose. Haga una costura de zigzag en la pestaña, cerca del primer pespunte. Recorte la pestaña cerca del pespunte de zigzag. Planche la costura hacia un mismo lado.

Costura de zigzag angosta. Ajuste su máquina para la puntada de zigzag angosta, que abarca de 10 a 12 puntadas cada 2.5 cm (1 "). Haga un pespunte sobre la línea de costura, estirando la tela ligeramente. Recorte la pestaña dejándola de 6 mm (¼ "). Puede planchar esta costura abierta o con las orillas juntas.

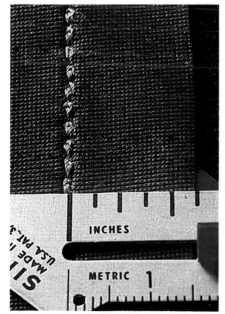

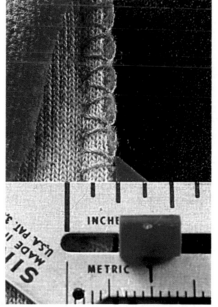

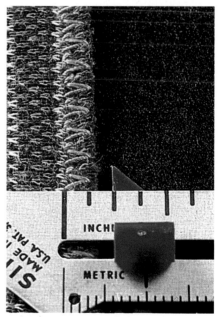

Puntada elástica recta. Haga un pespunte en la línea de costura con el disco de la puntada elástica. Guíe la tela ligeramente, dejando que la máquina haga los movimientos hacia adelante y hacia atrás. Cuando esté cosiendo a través de dobleces y de costuras cruzadas, ayude al implante tensando la tela por enfrente y por atrás del prensatelas. Recorte y planche hacia un solo lado.

Puntada recta con sobrehilado. Recorte la pestaña dejándola de 6 mm (¼ "). Utilice el prensatelas especial para sobrehilado (página 15) si su máquina tiene uno. Coloque la costura recortada bajo el prensatelas para que la costura recta quede sobre la línea de costura y las puntadas de zigzag en la orilla de la costura. Planche la costura hacia un mismo lado.

La puntada elástica de resorte. Recorte la costura dejándola de 6 mm (¼ "). Coloque la costura recortada bajo el prensatelas para que la puntada de zigzag angosta quede sobre la línea de costura y la puntada de zigzag ancha sobrehile la orilla de la costura. Planche la costura hacia un mismo lado.

Cómo dar forma a la prenda

Para dar forma a una pieza plana de tela de acuerdo con el contorno de su figura, puede emplear diferentes técnicas de confección. Las pinzas, los frunces, los pliegues y las alforzas ayudan a distribuir mejor la tela, pero cada uno crea un efecto diferente en la prenda.

Las pinzas se usan para pegar la tela al contorno del cuerpo. Las pinzas del busto, las caderas, línea de los hombros o codos permiten que la tela se ajuste al contorno del cuerpo. El pico de la pinza siempre debe señalar hacia la parte más prominente del cuerpo.

Los frunces pueden crear una forma suave y redondeada. Son fáciles de ajustar y cómodos para usar. Pueden hacerse en la cintura, las mangas, los puños, el canesú o en la línea del escote. Los holanes son tiras de tela fruncidas que se aplican en una costura o en la orilla de un dobladillo. La técnica para coser holanes es la misma que se utiliza para hacer frunces.

Los pliegues y alforzas se usan en la línea de la cintura, en blusas, en camisas, o en mangas. Ambos pueden usarse para dar amplitud en el casquete de la manga o de los puños. Los pliegues pespunteados ofrecen el mismo ajuste que las pinzas; los pliegues sin planchar proporcionan la amplitud de los frunces. En cualquiera de los dos estilos, los pliegues forman una línea vertical recta. Las alforzas se usan para adornar o para dar forma, y pueden ser horizontales, verticales o diagonales.

Todas estas técnicas se relacionan entre sí porque contribuyen a darle forma a la prenda. Por la misma razón, en algún caso se pueden usar unas en lugar de otras. Por ejemplo, las pinzas en una costura del hombro pueden ser reemplazadas con fruncidos para cambiar de un ajuste entallado al cuerpo, a un ajuste holgado. Los pliegues que no se planchan pueden ser sustituidos por fruncidos. Las alforzas abiertas en un extremo dan mayor amplitud a la prenda igual que los frunces. Tal vez usted quiera utilizar una técnica en lugar de otra.

Generalmente las **pinzas** se cosen por el interior de la prenda. Pueden ser rectas o curvas. Haga una costura pareja que termine en un pico perfecto y planche antes de unir con otra pieza de la prenda.

Los frunces se hacen cuando una pieza más grande de la tela se tiene que ajustar para que quede igual que una más pequeña. La textura de la tela determina si los frunces se verán suaves o muy levantados.

Los pliegues generalmente se hacen por dentro de la prenda, y las alforzas por fuera. Es muy importante marcar y coser con exactitud para que los pliegues y las alforzas tengan un ancho uniforme.

Pinzas

Una pinza se utiliza para dar forma a una pieza plana de tela para ajustarla a las curvas del busto, cintura, caderas o codos. Existen dos tipo de pinzas: la *pinza sencilla,* que es más ancha en un exremo y puntiaguda en el otro, y la *pinza doble,* que termina en ambos extremos en punta. Generalmente se usan en la cintura, con las puntas hacia el busto y las caderas. Además permiten un ajuste más entallado; también se utilizan para crear un toque especial de alta costura y modelos exclusivos.

Las pinzas bien hechas deben quedar rectas y lisas, sin frunces en los extremos. Las pinzas en el lado derecho o izquierdo deben quedar colocadas a la misma altura y distancia en la prenda.

Cómo hacer una pinza

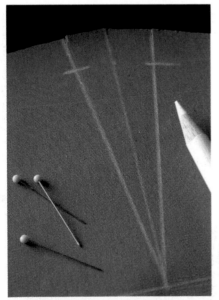

1) Marque las pinzas utilizando un método apropiado para el tipo de tela. El punto de la pinza debe marcarse con una línea horizontal.

2) Doble la pinza por la línea central, casando las líneas de costura y las marcas en el extremo más ancho, en el punto localizado en el otro extremo y a la mitad de la pinza. Préndala en su lugar, con las cabezas de los alfileres hacia el borde doblado, para que le sea más fácil quitarlos a medida que va cosiendo.

3) Empiece la costura en el extremo ancho y cosa hacia el pico de la pinza. Haga una costura en reversa para rematar al principio de la línea de costura, después continúe la costura hacia el pico quitando los alfileres a medida que llega a ellos.

Técnicas para hacer pinzas

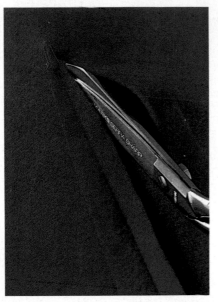

Las pinzas dobles se hacen en dos pasos, empezando en la línea de la cintura y continuando hacia las marcas de puntos. Traslape el pespunte en la cintura aproximadamente 2.5 cm (1″). Haga pequeños cortes en el doblez de la pinza en la cintura y a la mitad de los picos, a menos de 3 a 6 mm (⅛″ a ¼″) del pespunte para eliminar la tensión y permitir que la pinza forme una suave curva.

Las pinzas anchas y las pinzas comunes en telas gruesas deben abrirse sobre la línea de doblez y recortarlas a 1.5 cm (⅝″) o menos. Corte hasta una distancia de 1.3 cm (½″) del pico. Planche la pinza abierta y alise el pico con plancha.

Planche las pinzas sobre el borde curvo de un brazo de sastre para conservar la curva. Las pinzas verticales generalmente se planchan hacia el centro del delantero o de la espalda. En cambio, las pinzas horizontales generalmente se planchan hacia abajo.

4) Vaya haciendo la costura más angosta hasta llegar al pico de la pinza. Cuando esté a 1.3 cm (½″) del pico, disminuya el largo de la puntada a 12 a 16 puntadas cada 2.5 cm (1″). Dé las últimas dos o tres puntadas directamente en el doblez. No cosa en reversa sobre el pico de la pinza, porque esto puede hacer que se abolse. Continué la costura más allá de la orilla de la tela.

5) Levante el pespunte y jale la pinza hacia adelante; colóquela aproximadamente 2.5 cm (1″) por detrás del pico, después baje el prensatelas y remate la costura varias veces en el doblez de la pinza con el largo de puntada colocado en 0. Recorte las hebras cerca del nudo.

6) Planche y aplane el doblez de la pinza, teniendo cuidado de no doblar la tela más allá del pico. Después, coloque la pinza sobre la parte curva del guante de sastre y planche en dirección correcta (como se ve arriba). Para lograr un acabado bien plano, planche las pinzas antes de coserlas.

Frunces

Para lograr que una prenda femenina tenga una línea suave, a menudo se hacen fruncidos. Los podemos, encontrar en la línea de cintura, los puños, el canesú, la línea del escote o en el casquete de la manga.

Las telas suaves y transparentes adquieren un aspecto drapeado cuando se fruncen; las telas como los crespones adquieren un efecto ondulado.

Los frunces se empiezan con dos líneas de pespunte en una pieza larga de tela. Luego se jalan los cabos sueltos de la costura para fruncir la tela. Por último, la pieza fruncida se une a la otra pieza más corta.

El largo de puntada para fruncir es mayor que el de una costura común. En las telas de peso medio, use un largo de 6 a 8 puntadas por pulgada (2.5 cm). En las telas transparentes o delicadas, use 8 a 10 puntadas por pulgada.

Haga algunas pruebas con la tela para ver qué largo de puntada hace mejor los frunces. Una puntada más larga facilita el fruncido de la tela, pero una puntada más corta permite un mejor control cuando se ajustan los frunces.

Antes de coser, disminuya la tensión del hilo de la aguja. El pespunte de la bobina es el que se jala para hacer los frunces y una tensión más floja facilita esta labor.

Si la tela es gruesa o dura, utilice un hilo resistente en la bobina. El usar un hilo contrastante en la bobina también ayuda a distinguirlo del hilo de la aguja.

El fruncido básico

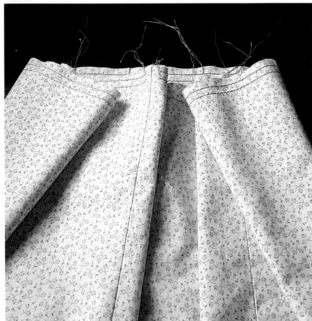

1) Haga un pespunte a 1.5 cm (⁵/₈″) de la orilla cortada por el lado derecho de la tela, comenzando y terminando en la línea de costura. Afloje la tensión superior y aumente el largo de puntada de acuerdo con el tipo de tela. Haga un segundo pespunte en la pestaña, a 6 mm (¹/₄″) de distancia de la primera. Este segundo pespunte permite un mejor control del fruncido.

2) Prenda con alfileres la orilla pespunteada a la sección de la prenda que le corresponde, encarando los derechos. Case las costuras, muescas, líneas centrales y otras marcas. La tela se colgará entre las áreas prendidas con alfileres. Si no hay marcas que le guíen, doble las orillas rectas y las fruncidas en cuartos. Marque las líneas de doblez con alfileres. Prenda las orillas juntas, casando los alfileres que sirvieron para marcar.

3) Jale ambos hilos de la bobina en un extremo, deslizando la tela a lo largo del hilo para fruncirla. Cuando la mitad de la sección fruncida se ajuste a la orilla recta, amarre el hilo de la bobina trazando un 8 en la cabeza de los alfileres. Jale los hilos de la bobina del otro extremo para fruncir la otra mitad.

4) Prenda los fruncés a intervalos regulares. Distribuya uniformemente los fruncés entre los alfileres. Vuelva a ajustar el largo de puntada y la tensión para lograr una costura regular.

5) Haga la costura con los fruncés hacia arriba, justo por fuera de la línea de fruncido. Vaya ajustando los fruncés entre los alfileres a medida que cose. Sostenga tensos los fruncés con los dedos a ambos lados de la aguja. Mantenga los fruncés parejos, para que no se hagan dobleces en la tela mientras cose.

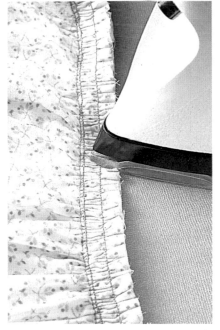

6) Recorte las pestañas de cualquiera de las costuras que haya unido en la línea de costura, cortando las esquinas en diagonal.

7) Planche la pestaña por el revés, utilizando sólo la punta de la plancha. Después abra la prenda y planche la costura en la dirección en que caerá en la prenda terminada. Planche la costura hacia los fruncés para que éstos se vean más levantados, y hacia la prenda para que se vean más suaves.

8) Planche entre los fruncés con la punta de la plancha por el derecho de la prenda, levantando la plancha cuando llegue a la costura. No pase la plancha sobre los fruncés porque los aplanará.

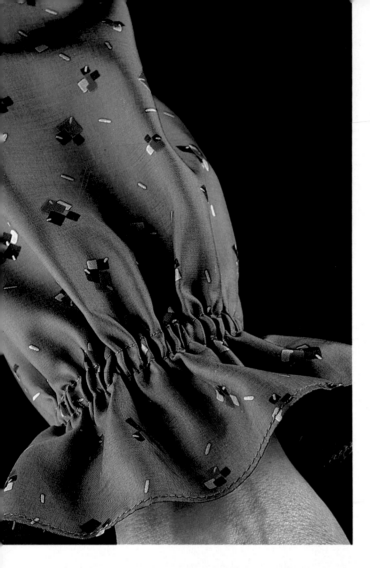

Fruncido con resorte

Los fruncidos que se hacen con resorte ofrecen comodidad y un buen ajuste en telas de punto y ropa deportiva. Esta técnica asegura que la línea del fruncido sea pareja y brinda una amplitud y comodidad que no tienen las prendas pegadas al cuerpo.

El resorte se puede coser directamente en la prenda o pasarse por una jareta. Una jareta es un doblez para pasar el resorte, hecho con una orilla volteada o un "túnel" que se hace con cinta de bies cosida a la tela. Escoja un resorte que vaya de acuerdo con la técnica de costura empleada, y con el área de la prenda donde la va a hacer (página 40).

Un resorte en jareta puede ser de cualquier ancho. Use un resorte firme y de hilos entretejidos, que no se enrolle con facilidad. Los resortes de hilos entretejidos tienen costillas longitudinales, y se angostan cuando se estiran.

El resorte para coserse en la tela debe ser tejido o de punto, suave, fuerte y cómodo para usarse cerca de la piel. En áreas pequeñas, como las orillas de las mangas y piernas, es más fácil aplicar el elástico cuando la pieza de la prenda está plana antes de hacer las costuras laterales. Cuando cosa el elástico en la línea de la costura, traslape los extremos del elástico y cósalos para formar un círculo antes de prenderlo a la tela.

Corte el elástico del largo que se recomienda en el patrón. En este largo está incluida la pestaña. Si piensa utilizar elástico cuando el patrón no lo pide, corte éste ligeramente más chico que las medidas del cuerpo más la pestaña. Deje 2.5 cm (1″) extra para la costura del resorte cosido y 1.3 cm (¹/₂″) extra para traslapar el resorte en una jareta.

Cómo coser el resorte en jareta (costura en la línea de cintura)

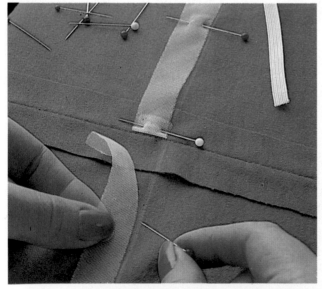

1) Prenda una cinta de bies de tul o una cinta de bies de 6 mm (¹/₄″) más ancha que el resorte, por dentro de la prenda, a lo largo de la línea marcada para la jareta, empezando y terminando en una costura lateral. Doble hacia abajo 6 mm (¹/₄″) cada orilla del bies y préndalo a la línea de costura. Para mayor facilidad, trabaje sobre el burro de planchar y por el revés de la prenda.

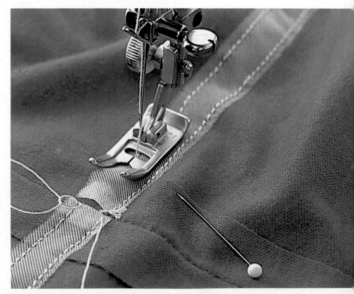

2) Cosa la cinta cerca de las orillas, dejando una abertura en la costura lateral, para pasar por allí el resorte. No haga una costura en reversa al final de los pespuntes, ya que esta costura es visible por el derecho de la prenda. En lugar de ello, jale los cuatro cabos de hilo hacia adentro y anúdelos.

Cómo unir el resorte cosido a la tela

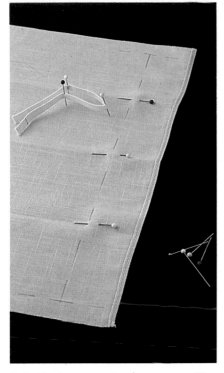

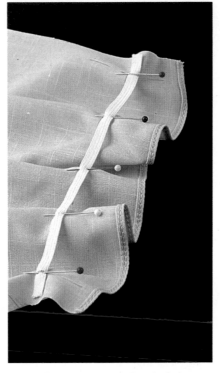

1) Doble el resorte y la tela en cuatro. Marque las líneas de doblez del resorte y de la prenda con alfileres.

2) Prenda el resorte por el revés de la prenda, casando las marcas hechas con los alfileres. Deje una pestaña de 1.3 cm (1/2″) en cada extremo del resorte.

3) Cosa el resorte a la tela, manteniendo éste hacia arriba y estirándolo entre los alfileres; sujete la tela con una de sus manos por detrás de la aguja y la otra en el siguiente alfiler. Utilice puntada de zigzag, puntada de zigzag múltiple, o bien, pespuntes rectos, uno en cada orilla del resorte.

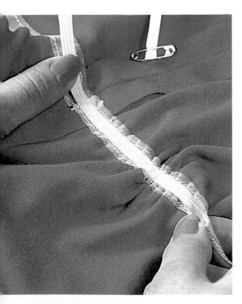

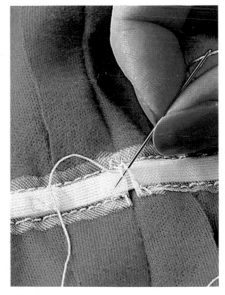

3) Pase el resorte a través de la jareta utilizando un pasacintas o un alfiler de seguridad, teniendo cuidado de no torcer el resorte. Coloque un alfiler de seguridad grande en el extremo libre del resorte para impedir que éste se zafe.

4) Empalme los extremos del resorte 1.3 cm (1/2″) y cósalos juntos con puntada recta o de zigzag, cosa hacia adelante, después en reversa y otra vez hacia adelante. Corte las hebras de hilo. Acomode el elástico en la jareta.

5) Cierre la abertura con el **punto deslizado.** Distribuya los frunces uniformemente a lo largo del resorte.

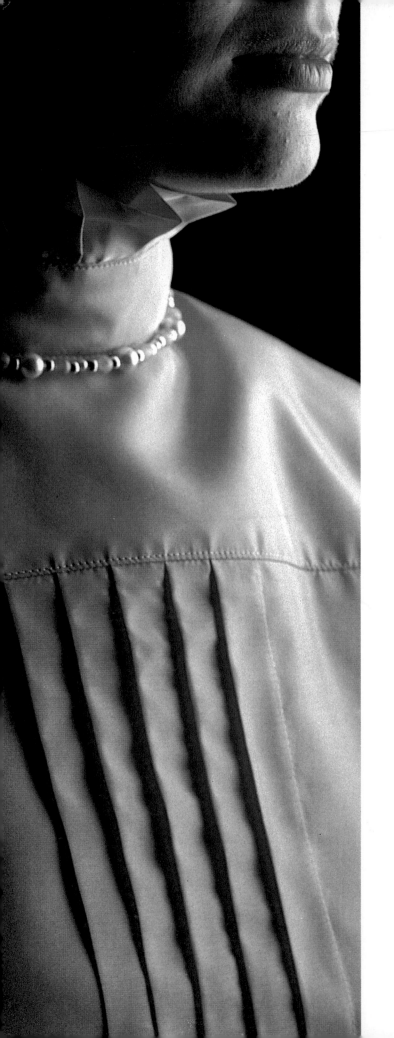

Pliegues y alforzas

Al igual que los frunces, los pliegues y algunas alforzas le dan amplitud a una prenda. Este tipo de amplitud es controlado y a la medida, lo que crea un estilo más elegante que el de los suaves frunces.

Los **pliegues** son dobleces de tela que proporcionan una amplitud controlada. Siempre son verticales. Existen cuatro tipos básicos: *los pastelones,* los cuales tienen dos dobleces que apuntan en dirección contraria; *las tablas,* en las cuales todos los pliegues se doblan en un mismo sentido: *los tablones,* cuyos dobleces quedan encontrados; y *los plisados* que se forman con pliegues angostos que semejan el fuelle de un acordeón, siempre planchados a todo lo largo. Los plisados quedan mejor si se mandan plisar con un profesional. Otros pliegues se pueden planchar o pespuntear en los filos de los dobleces o dejarlos sin planchar para que caigan suavemente.

Las marcas, el pespunte y un planchado cuidadoso, son esenciales para lograr un buen pliegue. Utilice el gis de profesional, el lápiz marcador o hilo y use diferentes colores para marcar la línea de doblez y la línea de colocación. La *línea de doblez* se refiere al doblez bien marcado en los pliegues planchados. La *línea de colocación* es donde se prende y cose la orilla doblada de cada pliegue. Las *líneas de ondulación* se usan en los pliegues que no se planchan e indican que formarán suaves ondulaciones en vez de dobleces bien marcados.

Las **alforzas** son finos dobleces de tela cosidos a todo lo largo. A las que están cosidas sólo en parte, se les llama *alforzas sueltas o de amplitud.* Las alforzas pueden ir en sentido vertical u horizontal. Generalmente el doblez se hace al hilo o con la trama de la tela, y queda por fuera. Cuando las alforzas se hacen para controlar la amplitud, más que como un adorno decorativo, el doblez debe quedar por dentro de la prenda.

Existen tres tipos básicos de alforzas: las *alforzas separadas,* las cuales se encuentran a cierta distancia una de otra; las *alforzas de un hilo,* que son angostitas; y las *alforzas ciegas,* en las cuales cada pliegue roza o se traslapa con el siguiente. Para hacer alforzas o pliegues utilice telas delgadas o semigruesas. Las telas gruesas generalmente hacen demasiado bulto. Las telas como el lino, la gabardina, la popelina, la franela, el paño, el algodón, el crepé de China y las lanas delgadas, son una buena elección. Para hacer pliegues sin planchar utilice telas suaves, y crespones para los plisados planchados que conservan bien el doblez. Para que las telas suaves conserven el doblez se pueden pespuntear o planchar con almidón en spray.

Al hacer los pliegues y las alforzas se debe tener en cuenta el dibujo de la tela. Las más indicadas son las telas de un solo color. Se pueden utilizar telas a rayas o estampadas siempre y cuando los pliegues y las alforzas no deformen el dibujo de la tela. Los cuadros pueden formar interesantes pliegues, pero selecciónelos con mucho cuidado. Antes de comprar o cortar la tela, pliéguela en su mano para darse una idea de cómo se verán.

Para ayudarse a hacer alforzas y pliegues, utilice una guía de costuras (página 15), o ponga cinta adhesiva a lo largo de la línea de costura.

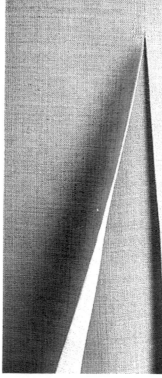

Los pastelones pueden ser planchados o sin planchar. Los pastelones sin planchar caen delicadamente y aparentan una mayor amplitud que los pliegues planchados. Las telas como el algodón, la lana, el chalís, el crepé de China y las telas de punto son adecuadas para los pliegues sin planchar.

Las tablas le dan un toque profesional y de elegancia a la prenda. Algunas prendas tienen un grupo de tablas dirigidas hacia un lado y otro grupo en sentido opuesto. Entre las telas más adecuadas están el lino, la gabardina y las lanas de tejido muy apretado.

Los tablones crean una apariencia deportiva y a la vez formal. Las telas recomendadas para los tablones son las mismas que para las tablas.

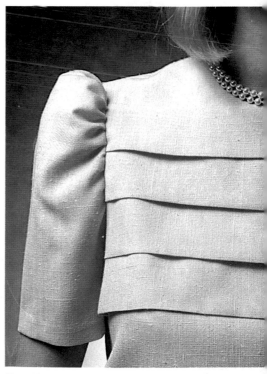

Las alforzas separadas constituyen un detalle muy atractivo propio para el delantero de una blusa, cerca del dobladillo de una falda, o las mangas. Se recomiendan telas ligeras y telas de peso mediano.

Las alforzas de un hilo las encontramos en las camisas para smoking, en los vestidos de alta costura y en la ropa de niños. Generalmente las alforzas miden 3 mm (¹/₈″) de ancho. Para este trabajo se recomiendan telas ligeras y delicadas como el paño de algodón.

Las alforzas ciegas son un toque bonito y elegante para blusas y vestidos. Estas alforzas pueden tener casi cualquier ancho. Se recomiendan telas ligeras y de peso medio.

Cómo hacer tablas y pastelones

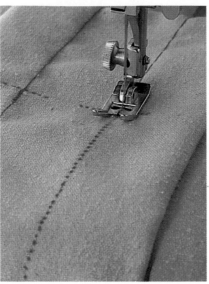

1) Marque los pliegues por el revés con pequeños cortes en la pestaña y con el método de marcar adecuado para el tipo de tela. Forme los pliegues uniendo para ello las líneas de pliegue marcadas. Prenda desde la orilla del dobladillo hasta la cintura, con el doblez del pliegue hacia la derecha (la orilla superior hacia usted) y los alfileres colocados en ángulos rectos a la línea de costura.

2) Hilvane a máquina cada pliegue a lo largo de la línea de costura marcada, desde el dobladillo hasta el final del pliegue (que generalmente está indicada por líneas continuas en la pieza del patrón). Al final del pliegue, cambie al largo de puntada regular y cosa en reversa. Continúe la costura hasta la línea de cintura.

3) Planche los pliegues en la dirección que tendrán. Trabaje por dentro de la prenda; planche suavemente con vapor ligero. Las tablas tienen los dobleces dirigidos en la misma dirección. En los pastelones los dobleces están encarados.

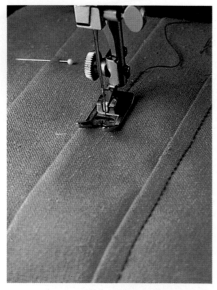

7) Sobrepespunte en tablas. Marque con alfileres el extremo de la tabla por el derecho de la prenda. Empiece el pespunte en la parte inferior de la tabla. Coloque la aguja a 6 mm (1/4") de la línea de pespunte de la tabla. No cosa en reversa. Haga su costura paralela a la línea de costura, desde los alfileres hasta la parte superior de la tabla. Anude los cabos de hilo por el reverso de la prenda. Para hacer un pespunte en la orilla y un sobrepespunte en la misma tabla, primero dobladille y haga el pespunte de la orilla (pasos 10 y 11).

8) Sobrepespunte en tablones o pastelones. Marque con un alfiler el extremo de la línea de pespunte. Coloque la aguja exactamente en la costura. Haga un pespunte de 3 a 6 mm (1/8" a 1/4") de la costura, hacia el área del pliegue. Con la aguja en la tela, levante el prensatelas y gire la tela. Después, baje el prensatelas y cosa hasta la cintura. Cosa ambos lados en la misma dirección, desde la cadera hasta la cintura. Anude las hebras por el revés de la prenda.

9) Quite el hilván que hizo a máquina. Corte las hebras de la costura en reversa y cada 4 ó 5 puntadas a lo largo de la línea del hilván. No quite el hilván hasta que haya terminado el sobrepespunte, porque el hilván ayuda a mantener los tablones en su lugar durante el planchado o la hechura de otros detalles de la con el do

4) Hilvane a máquina los pliegues a lo largo de la orilla superior de la falda o de la sección con pliegues. Cosa sobre la línea de costura, asegurándose de que todos los dobleces estén en la dirección correcta. Si lo desea, cosa sobre cinta de popotillo para que el hilván no se rompa durante la prueba para el ajuste.

5) Coloque tiras de papel grueso debajo del doblez de cada pliegue, para que éste no se marque por el derecho de la prenda. Planche para fijar los pliegues. Utilice un burro de planchar portátil o coloque una mesa o silla cerca del burro de planchar común para que su tela no se cuelgue.

6) Voltee la prenda por el derecho. Planche los pliegues con un lienzo para planchar. Los pliegues que no van planchados, si acaso, necesitan un ligero planchado sin alisar la tela. Para los pliegues planchados utilice bastante vapor y un lienzo húmedo. Deje que se sequen los pliegues en el burro de planchar.

10) Para que no abulte, **corte las pestañas a la mitad,** desde la orilla cortada hasta la línea del dobladillo, antes de hacer el dobladillo. Haga el dobladillo apropiado. Las tablas *deben dobladillarse antes* de hacer el pespunte de la orilla.

11) Haga un pespunte en la orilla del doblez planchado en cada tablón, si lo desea, para tener un plisado permanente. Esto facilita el planchado de las prendas lavables. Haga el pespunte desde el dobladillo hasta la cintura, tan cerca como le sea posible del doblez. Este pespunte se puede hacer tanto en tablones hacia adentro como hacia afuera.

12) En los pliegues que llevan sobrepespunte y un pespunte en la orilla, **empiece** el primero exactamente donde termina el segundo. (En la fotografía de arriba se quitó el prensatelas para que usted pueda ver dónde debe empezar.) Abarque todas las capas de tela. Jale las hebras de hilo por el revés y anude.

Tres maneras de marcar alforzas

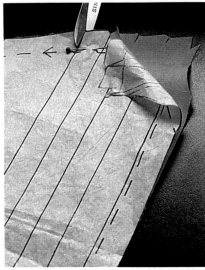

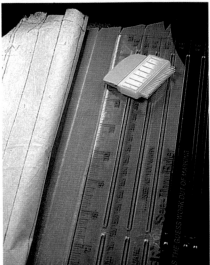

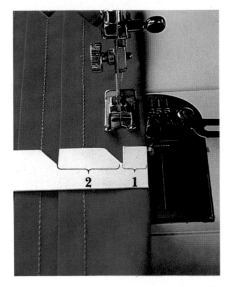

Haga pequeños cortes y planche para marcar las alforzas en las telas. Haga cortes en la pestaña de aproximadamente 6 mm (¹/₄″) en ambos extremos de cada alforza. Doble entre cada corte y planche para marcar las alforzas. El patrón le indicará el ancho de éstas.

Haga pequeños cortes y marque por el derecho de la tela con marcador soluble en agua, con una greda o con el lápiz marcador. Pruebe antes el marcador en un retazo de tela para asegurarse de que se puede quitar. Use una regla para unir los cortes. La línea de doblez de las alforzas puede marcarse con un color, y la línea de costura con otro.

Con una cartulina, **haga una regla de medir** para las alforzas. Marque solamente la línea de doblez de la primera alforza, y cósala según las indicaciones. En un pedazo de cartulina, corte una muesca que tenga el mismo ancho de las alforzas **(1)**. Mida la distancia que hay entre los dobleces de las alforzas (vea el patrón) y marque con otra muesca **(2)**. Coloque la muesca que se encuentra hacia la izquierda en el doblez de la alforza cosida. El extremo derecho de la regla indica el siguiente doblez; la muesca a la derecha señala la siguiente línea de costura.

Cómo coser alforzas

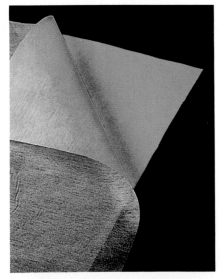

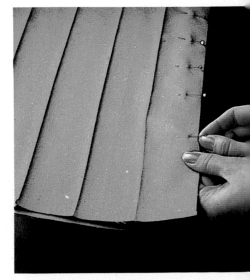

1) Utilice la entretela fusionable más delgada que pueda en el área donde va a hacer las alforzas. Esto le da más estabilidad y cuerpo a las alforzas en telas ligeras y resbalosas, como el crepé de China. Estas telas son difíciles de planchar y coser parejas. Para mayor precisión, utilice el prensatelas y la placa aguja para puntada recta.

2) Planche las alforzas antes de coserlas si es que marcó con greda o lápiz. No planche si utilizó un marcador soluble en agua, ya que el calor de la plancha fijará las marcas.

3) Doble y prenda las alforzas con los alfileres perpendiculares al doblez; mantenga el doblez hacia la derecha para que pueda quitar los alfileres con facilidad mientras cose. En las telas resbalosas, hilvane a mano las alforzas.

Sugerencias para coser alforzas

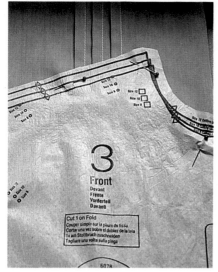

En una prenda sencilla, las **alforzas** se pueden hacer *antes de cortar* la pieza del patrón. Para calcular la cantidad de tela extra que se necesita, multiplique el ancho de la alforza por dos, después multiplique por el número de alforzas que va a hacer. Las telas que vienen con las alforzas de fábrica pueden usarse para añadir alforzas a un área de la prenda.

En las rayas o telas tejidas con diseños verticales se facilitan los pespuntes rectos. Doble a lo largo una parte de la raya y cosa en la siguiente raya. Las alforzas generalmente se hacen al hilo de la tela.

El pespunte con agujas dobles forma dos pespuntes paralelos muy próximos con una alforza de hilo entre las dos líneas. Es posible utilizar dos hilos de diferente color para hacer unas alforzas decorativas. Una tensión más ajustada produce alforzas más cerradas. Con las agujas dobles se pueden hacer además algunas puntadas decorativas.

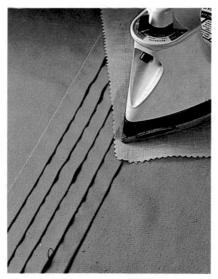

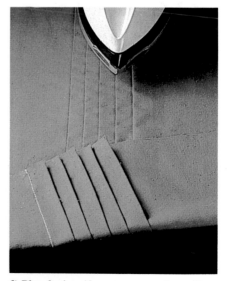

4) Cosa las alforzas de manera que quede visible el hilo superior del pespunte, no el de la bobina. Cosa todas las alforzas en la misma dirección, utilice como guía el prensatelas o las guías sobre la placa aguja. En las alforzas sueltas, no haga una costura en reversa. Jale las hebras hacia adentro de la prenda y anude.

5) Planche el doblez de cada alforza por separado para fijar el pespunte. Después planche todas las alforzas en una sola dirección. Utilice un lienzo para planchar para evitar que se pegue la tela.

6) Planche las alforzas en una misma dirección por el revés de la prenda. Utilice muy poco vapor, y planche suavemente para que no se formen arrugas en la tela.

Orillas visibles

Las orillas visibles de una prenda incluyen el dobladillo en las orillas inferiores, las pretinas, las aberturas en el delantero y trasero de la blusa o vestido, los escotes, sisas, cuellos y puños. Cuando trabaje en el acabado de una orilla visible, procure eliminar los abultamientos y haga un acabado plano y liso. Existen una gran variedad de pespuntes, cortes y planchados para ayudarle a lograr esto. En la mayoría de los casos se usan las entretelas para lograr un acabado balanceado.

Una orilla visible con entretela requiere de una *vista*; una vista es una pieza de tela que se cose a la orilla visible y se voltea hacia adentro para el acabado. Si la orilla tiene forma o es curva, se corta una vista por separado y se le da forma para que se ajuste a la pieza. En las orillas rectas, la vista generalmente es una extensión de la pieza del patrón doblada hacia adentro. Las orillas de las vistas de las prendas que no van forradas requieren acabado para que la tela no se deshilache.

Las entretelas fusionables ahorran tiempo y se pueden adquirir en grosores adecuados para la mayoría de las telas. Las entretelas fusionables generalmente se aplican a las vistas, no a la prenda, debido a que podrían formar un borde indeseable por el derecho de la prenda. Antes de colocar una entretela fusionable, haga una prueba en un retazo de tela. Si se forma un borde a lo largo de la orilla de la entretela fusionable, recorte la orilla de la entretela con tijeras de picos y pruebe otra vez. Si aún se forma el borde, entonces pegue la entretela sólo a la vista. Para una línea más suave, utilice entretelas de las del tipo para coser. Por regla general, éstas se aplican directamente a la prenda y no a la vista.

En esta sección, junto con ciertas técnicas se explica cómo colocar entretelas fusionables o para coser. Para cualquiera de las orillas con vistas y cuellos que se muestran a continuación se pueden utilizar técnicas específicas para el uso de entretelas. Los puños tienen un acabado y se montan de la misma manera que los cuellos.

Cuellos y escotes con vistas

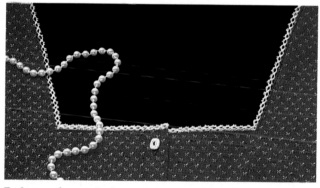

En los escotes cuadrados se deben hacer pequeños cortes diagonales en las esquinas, exactamente hasta la línea de costura, para que el escote quede liso cuando se voltee la vista hacia adentro de la prenda. En la orilla de los escotes es necesario hacer un sobrepespunte o un bajopespunte (página 61) para que queden planas.

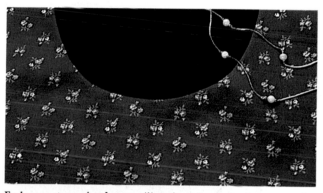

En los escotes redondos se utilizan las mismas técnicas que en las costuras curvas. Hay que hacer *pequeños cortes* en las pestañas (pero nunca cortar la línea de costura) para que la orilla del escote quede liso a la hora de voltear la vista hacia adentro.

En los cuellos comiseros es necesario recortar con mucho cuidado las pestañas de los picos para que no abulten cuando se voltee el cuello al derecho. Las esquinas de pretinas, bolsas cuadradas, trabillas y puños son otras áreas que requieren este trabajo.

Los cuellos curvos requieren *muescas* (pequeños dobleces que se cortan en la pestaña) para reducir el abultamiento. En una costura curva, reduzca el largo de la puntada para reforzar ésta y tener un mejor control.

Cómo colocar la vista en una orilla visible (utilizando entretela fusionable)

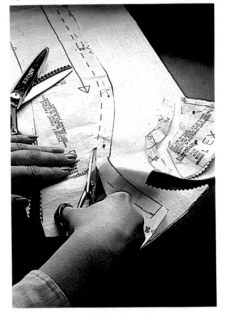

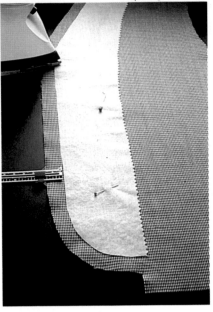

1) Corte la entretela fusionable después de cortar las vistas. Para eliminar la pestaña, corte en la línea de costura, no en la línea de corte. La orilla que no tiene muescas córtela con tijeras de picos.

2) Acomode la orilla cortada de la entretela sobre la línea de costura por el revés de la prenda, con el adhesivo hacia abajo. Pegue ligeramente la entretela a la prenda, utilizando la punta de la plancha en varios puntos alrededor de las orillas.

3) Fije la entretela en su lugar de acuerdo con las instrucciones del fabricante que vienen en la envoltura de la entretela. Para adherirla adecuadamente, utilice el tiempo especificado y la cantidad de calor requerido. Trabaje en pequeñas secciones, enrollando las áreas donde ya ha pasado la plancha. No deslice la plancha.

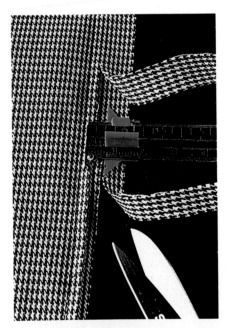

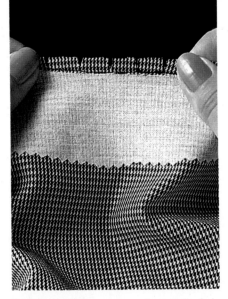

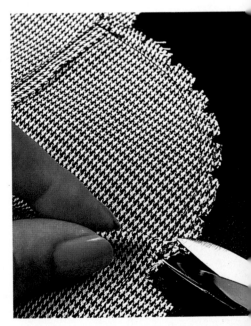

7) Rebaje las pestañas; recórtelas de modo que queden de una anchura escalonada: la pestaña de la vista debe medir 3 mm (¹/₈″), la pestaña de la prenda 6 mm (¹/₄″). La pestaña de la prenda es más ancha que la de la vista, con esto se elimina un borde abultado.

8) Haga pequeños cortes en la pestaña de la curva del escote a intervalos regulares. Recorte hasta la línea de pespunte, pero no corte ésta. Después de hacer los cortes, sostenga la costura por cada extremo. Debe formar una línea recta; las pestañas no se deben enrollar.

9) Haga muescas en forma de V en las pestañas de las orillas con una curva hacia afuera. Tenga cuidado de no cortar la prenda. Voltee la prenda por el derecho. Si se forman ondulaciones en la pestaña, corte más muescas.

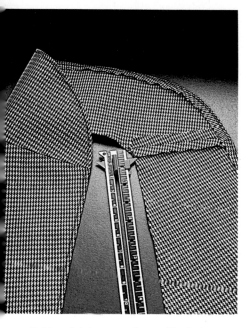

1) Una el delantero y la espalda de la prenda, así como las vistas, en las costuras del hombro. Recorte las pestañas de las vistas dejándolas de 6 mm (¹/₄″). Planche las costuras abiertas. No haga un trabajo de acabado en las costuras de las vistas. Haga el acabado adecuado en las costuras de la prenda y en las orillas de las vistas (páginas 64 a 67).

5) Cosa el derecho de la entretela al derecho de la prenda, casando las muescas y costuras. Cosa en la dirección de las flechas, desde el centro de la espalda hasta las orillas inferiores de las vistas del delantero en cada lado. La costura en un solo sentido conserva el hilo de la tela y previene que se deformen las curvas.

6) Recorte diagonalmente las esquinas de las pestañas, en los puntos donde se cruzan en la línea del hombro para eliminar abultamientos.

10) Voltee todas las pestañas hacia la vista y plánchelas con la punta de la plancha. Tenga cuidado de planchar únicamente las pestañas y evitar hacer pequeños pliegues en la prenda.

11) Haga un bajopespunte por el derecho de la vista, cerca de la línea de costura, que abarque la vista y ambas pestañas. Mantenga lisa la vista, estirando las petañas cortadas de las áreas curvas para que la vista quede lisa cuando se voltee la prenda.

12) Fije la vista a la costura del hombro con 3 ó 4 puntadas cortas entre la vista y la pestaña. Tenga cuidado de no pasar la aguja por el derecho de la prenda.

Cómo hacer un escote cuadrado (utilizando entretela fusionable)

1) Elimine la pestaña de la entretela fusionable, siguiendo las instrucciones para orillas visibles con vistas (página 96). Pegue la entretela por el revés de la vista, de acuerdo con las instrucciones del fabricante.

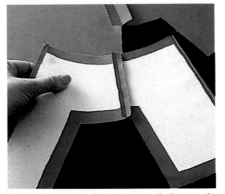

2) Una las piezas de las vistas y de la prenda en las costuras del hombro. Planche las costuras abiertas. Recorte las pestañas de las vistas dejándolas de 6 mm (¹/₄ʺ) para eliminar abultamientos. No haga un trabajo de acabado en las costuras. Haga la costura de acabado en la orilla visible de las vistas.

3) Cosa el derecho de la vista al derecho de la prenda, haciendo coincidir las marcas y las costuras de los hombros. Disminuya el largo de puntada a 2.5 cm (1ʺ) de cada esquina y cosa hasta la esquina. Termine con la aguja en la tela.

4) Gire en la esquina levantando el prensatelas y moviendo la tela alrededor de la aguja. Baje el prensatelas y haga puntadas cortas por 2.5 cm (1ʺ). Ahora, ajuste otra vez la máquina al largo de puntada regular y continúe.

5) Corte las esquinas hasta llegar al pespunte de refuerzo. Rebaje las pestañas, voltee la vista, haga un bajopespunte y fíjela según se muestra en los pasos 7, 10, 11 y 12 de las páginas 96 y 97.

Cómo hacer el escote redondo (con entretela para coser)

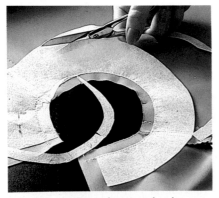

1) Una las secciones de entretela a las costuras traslapadas. Cosa y dé el acabado a las costuras de los hombros de la prenda. Hilvane a máquina la entretela por el revés de la prenda, a 1.3 cm (¹/₂ʺ) de la orilla. Recorte la entretela cerca del pespunte. Corte la orilla visible 1.3 cm (¹/₂ʺ).

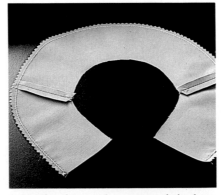

2) Una las vistas en las costuras de los hombros; recorte las pestañas dejándolas de 6 mm (¹/₄ʺ). Planche las costuras abiertas, pero no haga un trabajo de acabado. Sólo la orilla visible lleva una costura de acabado.

3) Cosa el derecho de la vista al derecho de la prenda. Rebaje y recorte las pestañas de las áreas curvas como se muestra en los pasos 7 y 8 de la página 96. Planche, haga un bajopespunte y fije la vista como se muestra en los pasos 10, 11 y 12 de la página 97.

Cómo coser un cuello camisero (con entretela para coser)

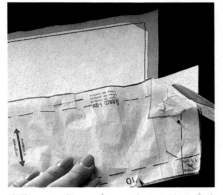

1) Recorte diagonalmente las esquinas de la entretela hacia adentro de la línea de costura. Hilvane a máquina la entretela por el revés de la pieza superior del cuello a 1.3 cm (½″) de la orilla. Recorte la entretela casi hasta la costura.

2) Recorte 3 mm (⅛″) de las orillas visibles del bajocuello. Esto evita que el bajocuello se enrolle hacia el derecho después de que se haya cosido el cuello al escote. Prenda los derechos del cuello y del bajocuello juntos, asegúrese de que las orillas visibles queden parejas.

3) Cosa sobre la línea de costura, dando una o dos puntadas cortas diagonalmente a través de cada esquina, en vez de tener que girar la tela. Esto permite un pico más pronunciado a la hora de voltear el cuello.

4) Recorte las esquinas, primero a través del pico, cerca de la costura, después en ángulo con la costura a cada lado del pico.

5) Rebaje las pestañas. Recorte la pestaña del bajocuello, dejándola de 3 mm (⅛″) y la del cuello de 6 mm (¼″).

6) Planche las costuras abiertas sobre la parte puntiaguda del aplanador de costuras. Voltee el cuello hacia el derecho.

7) Empuje el pico del cuello con cuidado con una plegadera de madera.

8) Planche el cuello, deslizando ligeramente las costuras hacia abajo para que no se vean en el cuello terminado.

Cómo hacer un cuello redondo (utilizando entretela fusionable)

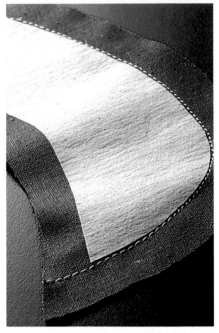

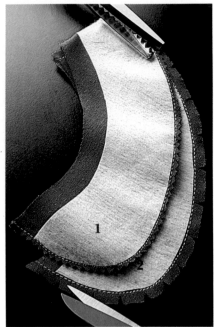

1) Recorte las pestañas de la entretela fusionable y péguela por el revés de la pieza superior del cuello, de acuerdo con las instrucciones del fabricante.

2) Recorte escasamente 3 mm ($^7/_8''$) de la orilla exterior del bajacuello, tal como se hace para el cuello camisero (página 99). Una los derechos del cuello y la vista juntos, utilizando puntadas más cortas en las curvas.

3) Recorte las pestañas casi hasta la línea de costura, utilizando tijeras con picos (**1**). O bien, rebaje escalonadamente las pestañas y haga pequeños cortes en ellas (**2**). Planche las costuras abiertas, aun cuando la costura quede cerrada. Con esto se aplana la línea de costura y se facilita voltear el cuello.

Cómo fijar y coser un cuello (sin vistas)

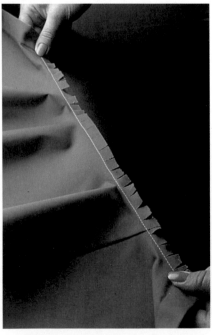

1) Haga un pespunte de refuerzo en la orilla del cuello que va unida a la prenda. Haga pequeños cortes en la pestaña casi hasta la línea de pespunte para que la curva estire a fin de que se ajuste a la orilla del cuello.

2) Sujete los extremos de la costura y estire para obtener una línea recta. La costura no debe enrollarse o abolsarse si hay suficientes cortes y éstos son lo bastante profundos.

3) Doble y planche hacia adentro la pestaña de la pieza superior del cuello que corresponde a la orilla del escote. Recorte la pestaña doblada, dejándola de 6 mm ($^1/_4''$).

Cómo fijar y coser un cuello (sin vistas) continuación

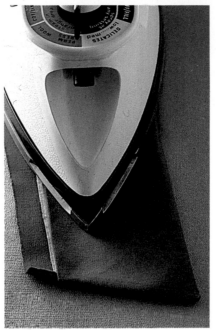

4) Una los derechos del cuello y la vista juntos, tal y como se indica en el paso 3 de la página 99.

5) Recorte, voltee y planche como se indica para los cuellos redondos (páginas 99 ó 100).

6) Prenda y cosa *solamente el bajocuello* a la orilla de la línea del escote, rematando la costura en ambos extremos. Recorte las pestañas dejándolas de 1 cm (³/₈ ").

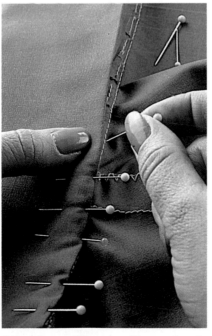

7) Haga pequeños cortes en la curva del bajocuello casi hasta la línea de costura. Planche la costura hacia el cuello.

8) Prenda con alfileres la orilla cortada y doblada de la pieza superior del cuello sobre las pestañas de la costura para que el doblez quede justo en la línea de costura.

9) Una con punto deslizado (página 57) la orilla doblada a la línea de costura.

Pretinas

Dado que una pretina sostiene toda la prenda, debe tener un acabado fuerte y firme. Una pretina sencilla para faldas y pantalones se corta al hilo de la tela, que tiene el menor grado de elasticidad. La pretina se refuerza con entretela, se dobla y se cose en la orilla de la línea de la cintura, ocultando la pestaña de la costura.

La mayoría de las pretinas tienen una orilla que se dobla hacia adentro para el acabado interno de la prenda. Una técnica más rápida que permite además una costura menos abultada requiere que se cambie el diagrama de corte del patrón para que la pieza de la pretina se corte con una orilla longitudinal en el orillo de la tela. Ya que el orillo no se deshilacha, no requiere de una orilla doblada hacia adentro. Esta técnica se puede hacer totalmente a máquina. Para eliminar costuras abultadas en las pretinas hechas con telas gruesas, haga una vista de una tela delgada o de popotillo.

Corte una pretina lo suficientemente larga para que brinde una amplitud adecuada y permita traslapar las costuras. El largo debe ser igual a las medidas de la cintura más 7 cm ($2^3/4''$). La cantidad extra comprende 1.3 cm ($1/2''$) para la holgura, 3.2 cm ($1^1/4''$) para las pestañas y 2.5 cm ($1''$) para el traslape. El ancho debe abarcar dos veces el ancho de la pieza terminada deseada, más 3.2 cm ($1/4''$) para las pestañas.

Cómo hacer una pretina (técnica al orillo)

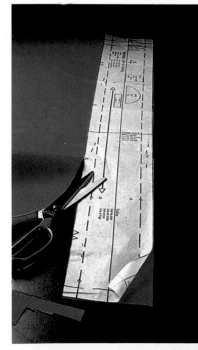

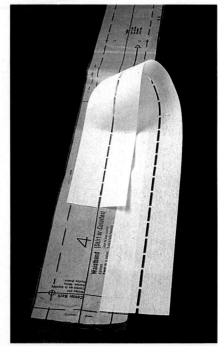

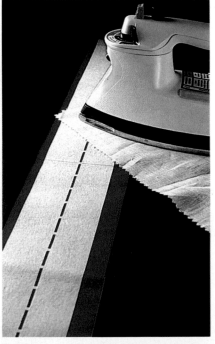

1) **Corte** la pretina al hilo, acomodando la línea de corte de una de las orillas largas en el orillo.

2) **Corte** la entretela fusionable para pretinas de acuerdo con el largo del patrón, cortando los extremos en la línea de costura a fin de que la entretela no quede sobre las pestañas.

3) **Pegue** la entretela a la pretina, con el lado más ancho de ésta hacia el orillo. La entretela debe quedar de manera que en la orilla con muescas haya una pestaña de 1.5 cm ($5/8''$) (la pestaña en el orillo debe ser más angosta).

4) Prenda con alfileres el derecho de la orilla con muescas de la pretina con el derecho de la prenda, casando las muescas. Haga una costura de 1.5 cm ($^5/_8$″).

5) Voltee la pretina y planche la pestaña hacia ésta.

6) Rebaje las pestañas de manera que en la línea de cintura ésta sea de 6 mm ($^1/_4$″) y en la prenda de 3 mm ($^1/_8$″) para evitar un abultamiento.

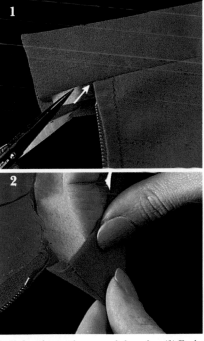

7) Doble la pretina en la línea de doblez central de la entretela, de modo que ésta quede con el revés hacia afuera. Haga una costura de 1.5 cm ($^5/_8$″) en cada extremo. Recorte las pestañas a 6 mm (¼″). Haga cortes diagonales en las esquinas.

8) Voltee la pretina por el derecho. **(1)** En la parte de abajo del doblez, haga pequeños cortes diagonales desde el borde del orillo hasta la esquina (flecha). **(2)** Meta en la pretina la pestaña, desde la orilla de abajo del doblez, hasta la orilla del corte. Doble en ángulo y hacia adentro la esquina cortada.

9) Prenda en su lugar la pestaña de la pretina que se cortó en el orillo. Por el derecho de la prenda, cosa sobre la línea de costura de la cintura o haga un sobrepespunte a 6 mm (¼″) por arriba de la costura, abarcando también el orillo. Si opta por coser sobre la línea de costura de la cintura, tendrá que hacer un pespunte en la orilla del doblez hacia abajo (flecha).

Dobladillos

A menos que un dobladillo sea decorativo, debe ser totalmente invisible por el derecho. Utilice hilo del mismo tono de la tela o ligeramente más obscuro que ésta.

Cuando haga un dobladillo a mano, tome solamente uno o dos hilos de la tela exterior en cada puntada. No jale demasiado el hilo mientras cose. Esto hace que el dobladillo se frunza o se abulte. Planche con mucho cuidado; el planchado excesivo forma un borde a lo largo de la orilla del dobladillo.

El ancho del dobladillo se determina de acuerdo con la tela y el modelo de la prenda. Una pestaña de hasta 7.5 cm (3″) es adecuada para una prenda de estilo recto; y de 3.8 a 5 cm (1 ½″ a 2″) para una prenda acampanada. Las telas transparentes, no importa el estilo, generalmente se terminan con un dobladillo angosto y enrollado. Un dobladillo angosto en telas de punto suaves ayuda a que las telas no se cuelguen. Los dobladillos cosidos a máquina y con sobrepespuntes son rápidos y permanentes.

Antes de hacer el dobladillo, deje la prenda colgada 24 horas, especialmente si la prenda ha sido cortada al sesgo o es circular. Pruébese la prenda con la ropa interior con que la va a usar. Verifique si la prenda cae y se ajusta correctamente. Use zapatos y cinturón si es que la prenda lleva uno.

Para marcar el dobladillo, pídale a una persona que le ayude, ya sea prendiéndolo con alfileres o usando un marcabastillas. Marque la línea del dobladillo con alfileres o con greda alrededor de la prenda, cerciorándose de que la distancia del piso a la línea del dobladillo sea siempre la misma. Póngase de pie en posición normal y pídale a la persona que le ayudará que se mueva alrededor del dobladillo. Prenda éste con alfileres, pruébese la prenda y véase en un espejo de cuerpo entero para verificar que la línea del dobladillo sea paralela al piso.

Los dobladillos de los pantalones no se pueden marcar de la misma manera que se marca una falda o un vestido. Para los pantalones de largo estándar, en la parte de enfrente, la parte inferior de la pierna del pantalón debe quedar en el zapato y en la parte posterior, inclinarse un poco hacia abajo. Prenda con alfileres el dobladillo de las piernas del pantalón y pruébese éste frente a un espejo para rectificar el largo.

Antes de coser el dobladillo, dé un acabado a las orillas para evitar que se deshilachen y además, tener de dónde sujetar el dobladillo. Seleccione el acabado para el dobladillo (página opuesta) y la puntada apropiada para la tela y la prenda (vea las puntadas a mano en la página 57).

La puntada invisible a máquina es rápida y resistente en las telas tejidas y de punto. Muchas máquinas de coser incluyen esta puntada. Es más fácil hacer una puntada invisible si se utiliza un prensatelas especial y una guía de puntadas.

El extrafor o el encaje (fotografía de arriba) es un acabado adecuado para las telas que se deshilachan, como la lana, los tweeds y el lino. Traslape el extrafor 6 mm (¼″) sobre la orilla del dobladillo por el derecho de la tela. Cosa la cinta cerca de la orilla, superponiendo los extremos en la línea de costura. Utilice extrafor para los dobladillos rectos, y bies de encaje elástico para los dobladillos curvos y telas de punto. Utilice la puntada de crucetilla para los dobladillos en telas ligeras y de peso medio, y la puntada invisible para las telas pesadas.

Acabados y puntadas para dobladillos

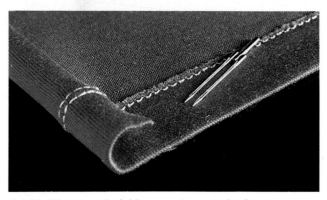

El dobladillo sobrepespunteado permite rematar la orilla sin costura de éste y hacer el dobladillo en un solo paso. Levante un dobladillo de 3.8 cm (1¹/₂″) y prenda con alfileres. En las telas que se deshilachan, corte la orilla en picos y dóblela hacia adentro. Por el derecho, haga un sobrepespunte a 2.5 cm (1″) de la orilla del doblez. En el ejemplo de arriba se hizo un sobrepespunte más como adorno.

El dobladillo con aguja doble es propio para telas de punto y ropa de calle. Las agujas dobles forman dos pespuntes paralelos muy próximos por el derecho de la prenda y por el revés se ven como una puntada tipo zigzag. Levante el dobladillo la distancia deseada y cosa a través de ambas capas por el derecho de la prenda, utilizando una guía de costura. Después de la costura, corte el exceso de pestaña.

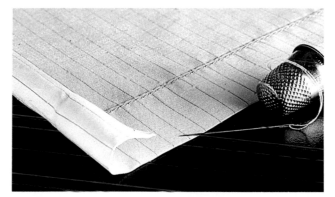

Acabado de zigzag. Este acabado es propio para telas de punto y telas que no se deshilachan, ya que la puntada da de sí con la tela. Cosa cerca de la orilla sin costura utilizando una puntada de zigzag de ancho y largo regulares. Recorte la pestaña cerca del pespunte. Dobladille con puntada invisible, crucetilla invisible o puntada a máquina invisible.

El acabado con doblez y pespunte es propio para las telas ligeras tejidas en telar. Doble 6 mm (¹/₄″) hacia adentro la orilla sin costura. Cosa cerca del doblez. Haga el dobladillo con puntada invisible o punto deslizado.

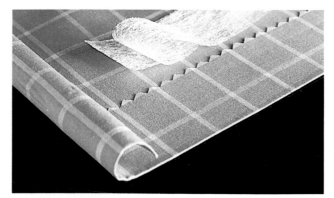

El dobladillo ribeteado es el indicado para lanas gruesas y telas que se deshilachan con facilidad. Cierre la orilla del dobladillo con bies doble o con el acabado Hong Kong (página 67). Haga el dobladillo con puntada invisible o con crucetilla invisible. Tenga cuidado de no apretar demasiado el hilo o fruncirá la tela.

Dobladillo cortado en picos y con red fusionable. Es un acabado sencillo y rápido para telas ligeras tejidas en telar. Aplique una tira de red fusionable entre el dobladillo y la prenda. Planche a vapor, siguiendo las instrucciones del fabricante para un bondeado permanente. La mayoría de estos materiales requiere 15 segundos de calor y vapor en cada sección del dobladillo.

Cómo levantar un dobladillo

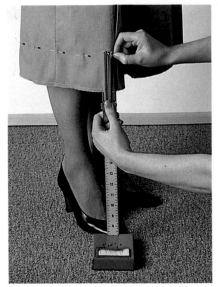

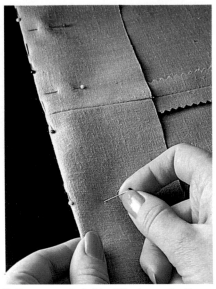

1) Marque la prenda a una distancia uniforme desde el piso, trabaje con alfileres o greda, y una regla o marcabastillas. Pídale a la persona que le ayude que se vaya moviendo alrededor de usted para que usted no tenga que cambiar de posición o postura. Coloque las marcas cada 5 cm (2″).

2) Recorte a la mitad las pestañas laterales en el dobladillo para evitar abultamientos, pero sólo hágalo desde la parte inferior de la prenda hasta la línea de pespunte del dobladillo.

3) Levante el dobladillo hasta la línea marcada, prendiendo alfileres en ángulo recto al doblez a intervalos regulares. Pruébese la prenda para rectificar el largo.

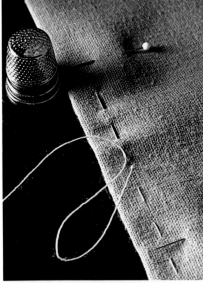

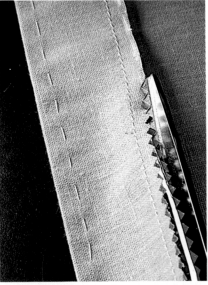

4) Hilvane a mano a 6 mm (¼″) del doblez. Planche ligeramente la orilla, desvaneciendo (embebiendo) el dobladillo para que se ajuste a la prenda.

5) Mida y marque el ancho deseado del dobladillo, añadiendo 6 mm (¼″) para el acabado de la orilla. Trabaje sobre un burro de planchar o sobre una mesa, utilizando el marcador deslizable de costuras para que las marcas queden parejas.

6) Recorte el exceso de pestaña del dobladillo a lo largo de las marcas, haga el acabado de la orilla sin costura de acuerdo con el tipo de tela (página 105). Prenda luego esta orilla a la prenda, haciendo coincidir las costuras y las líneas del centro.

Cómo hacer un dobladillo curvo

1) Prepare el dobladillo como se indica en la página opuesta, pero no haga un acabado a la orilla sin costura. Un dobladillo curvo tiene una mayor amplitud que debe desvanecerse para ajustarlo a la prenda. Afloje la tensión de la máquina y haga un pespunte para desvanecer a 6 mm (¼ ") de la orilla, empezando y terminando en la línea de costura.

2) Jale el hilo de la bobina sacando un punto con un alfiler a intervalos, y desvanezca la amplitud para ajustar suavemente a la forma de la prenda. No reduzca demasiado el dobladillo o jalará la prenda cuando esté terminado. Planche el dobladillo sobre un guante de sastre para alisar cualquier exceso de tela.

3) El acabado de la orilla puede ser con puntada de zigzag, cinta de bies, extrafor o con cortes en picos. Prenda la orilla del dobladillo a la prenda, casando las costuras y las líneas del centro. Haga el dobladillo con puntada invisible a máquina o con la puntada de dobladillo a mano.

Cómo hacer la puntada invisible a máquina

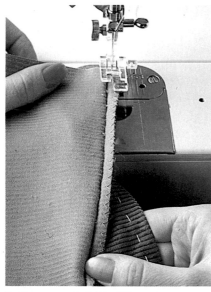  

1) Prepare el dobladillo tal como se muestra en la página opuesta. Hilvane a mano el dobladillo a la prenda a 6 mm (¼ ") de la orilla sin costura. Ponga el disco correspondiente de la puntada invisible y coloque el prensatelas de la puntada invisible. Seleccione el ancho y el largo de la puntada de zigzag de acuerdo con el grosor y la textura de la tela. La puntada que queda en la prenda se puede ajustar de 1.5 a 3 mm (¹/₁₆" a ¹/₈").

2) Coloque la pestaña del dobladillo hacia abajo sobre el impelente de la máquina. Doble hacia atrás el resto de la prenda, sobre la línea del hilván. El doblez suave debe quedar a la derecha del prensatelas (flecha). Algunas máquinas tienen un prensatelas de zigzag regular con una guía para dobladillar con puntada invisible.

3) Cosa a lo largo del dobladillo cerca del doblez, abarcando la prenda sólo con la puntada de zigzag. A medida que cose, guíe la orilla del dobladillo en línea recta y vaya pasando el doblez suave a la derecha del prensatelas para dobladillar o del borde de la guía. Abra el dobladillo y plánchelo.

Botonaduras y cierres

Los cierres, los botones, los broches de presión y los ganchos y presillas deben ser generalmente lo más discretos que sea posible, aunque algunas veces se les utiliza como motivos de adorno. Un botón elegante, un cierre abierto de color contrastante o un broche de remache nacarado pueden convertirse en un detalle de moda.

Seleccione la botonadura o el cierre de acuerdo con el estilo de la prenda y con el grado de tensión a que estará sometida la abertura. Por ejemplo, los ganchos y presillas planos (página opuesta) son más propios para la pretina de un pantalón que un gancho y una presilla comunes. En el reverso del sobre del patrón se especifica el tipo y el tamaño de cierre o de botones que hay que comprar.

Debido a que los cierres y los botones están sometidos a tensión, es importante reforzar el área de la prenda donde se les colocará. Las pestañas y las vistas proporcionan un refuerzo leve. Algunas áreas deberán reforzarse con entretela.

Para pegar botones, broches de presión, presillas y ganchos, utilice un hilo de uso general, y agujas muy delgadas o para estambre. En las telas pesadas o en las áreas expuestas a mucha tensión, utilice hilo grueso, o torzal para sobrepespuntear y para ojales.

Ganchos, ojillos y presillas

Los ganchos, ojillos y presillas son un tipo de botonadura muy resistente que se puede encontrar en diferentes modelos. Los ganchos y ojillos comunes de uso general se pueden adquirir en tamaños que van desde el 0 (fino) hasta el 3 (grueso), acabados en negro o niquelados. Tienen el ojillo recto o redondo. Los ojillos rectos se utilizan cuando las orillas de la prenda van superpuestas, como en una pretina. Los ojillos redondos se utilizan cuando las orillas de la abertura quedan encontradas, como en el escote, arriba de un cierre centrado. En las telas finas o en los lugares donde los ojillos de metal resaltarían, se pueden usar las presillas de hilo (página opuesta) en lugar de los ojillos redondos de metal. Las presillas para botones y para cinturones se hacen con la misma técnica, sólo que las puntadas de fijación son más grandes.

Los ganchos y ojillos planos son más fuertes que los ganchos y ojillos comunes y pueden tolerar una mayor tensión. Se pueden adquirir con acabados en negro o niquelados, sólo se utilizan para áreas traslapadas. Los ganchos y ojillos largos, planos y forrados son propios para sacos y chaquetas. Son lo bastante atractivos para lucirlos y lo suficientemente fuertes para sujetar telas gruesas.

Cómo colocar los ganchos y ojillos para pretinas

 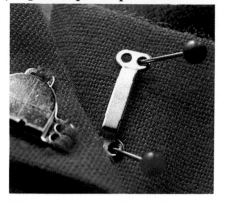 

1) Coloque el gancho plano por dentro del extremo de la pretina que tendrá que traslapar para abrochar la prenda, aproximadamente 3 mm (1/8") hacia adentro de la orilla. Fije el gancho con tres o cuatro puntadas a través de cada agujero. Las puntadas no deben abarcar el derecho de la prenda.

2) Para marcar la posición del ojillo, **empalme** el extremo de la pretina que tiene el gancho, sobre el extremo que quedará abajo. Clave alfileres a través de los agujeros para marcar la posición del ojillo. Fije éste con tres o cuatro puntadas en cada agujero.

Los ganchos y ojillos redondos se utilizan para las pretinas que no se traslapan. Coloque el gancho redondo de la misma manera que se coloca el gancho plano. Fíjelo a través de ambos agujeros y en el extremo del gancho. Coloque el ojillo de tal forma que rebase ligeramente la orilla de la tela (las orillas de la prenda deben quedar encaradas). Prenda con hilo y aguja.

Cómo hacer presillas de hilo

 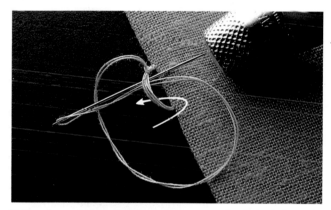

1) Introduzca la aguja con doble hebra en la orilla de la tela. Haga dos puntadas de fijación que tengan el largo deseado de la presilla. Ahora ya tiene dónde apoyar las puntadas de festón.

2) Haga la puntada de festón, primero pasando el ojo de la aguja abajo de las puntadas de fijación y a través de la lazada.

3) Pase la aguja a través de la lazada, apretando ésta sobre los puntos de fijación. Continúe el punto de festón hasta que cubra totalmente los puntos de fijación.

4) Remate la costura con dos puntadas atrás. Ahora corte las hebras.

Ojales

Condiciones de un ojal bien hecho:

1) El ancho del ojal debe corresponder con el grosor de la tela y el tamaño del botón.
2) Los extremos deben estar reforzados para prevenir que el ojal se rompa cuando se encuentre sometido a tensión.
3) Las puntadas deben quedar espaciadas uniformemente en cada lado del ojal.
4) El ojal debe ser 3 mm (1/8″) más grande que el botón.
5) En los ojales a máquina, las puntadas a cada lado deben quedar lo suficientemente separadas para que al abrir éste no se corten las puntadas.
6) Los extremos no deben cortarse accidentalmente.
7) La entretela de refuerzo del ojal debe combinar con la tela de la prenda y no debe notarse por las orillas cortadas.
8) Los ojales se hacen al hilo de la tela; los ojales verticales deben quedar paralelos a la orilla de la prenda, y los ojales horizontales deben formar un ángulo recto perfecto con la orilla.

Los ojales horizontales son los más seguros, porque no permiten que los botones se zafen. Asimismo, estos ojales resisten cualquier jalón en la abertura con una distorsión mínima de la prenda. Los ojales horizontales deben extenderse 3 mm (1/8″) más allá de la línea de colocación del botón, hacia la orilla de la prenda. Cerciórese de que el espacio desde la línea central hasta la orilla terminada de la prenda mida por lo menos tres cuartas partes del diámetro del botón. Con este espacio, el botón no debe quedar más allá de la orilla cuando se abroche la prenda.

Los ojales verticales se utilizan en las aberturas de cuellos y en las franjas de las camisas. Este tipo de ojales se utilizan cuando se usan muchos botones y pequeños para reforzar la botonadura. Los ojales verticales se colocan en el centro del delantero o en la línea central del trasero.

Cuando se abotona una prenda, las líneas de colocación de los botones y las líneas centrales de ambos lados deben quedar empalmadas perfectamente. Si este paso no se hace como lo indica el patrón, la prenda no se ajustará adecuadamente.

El espacio que debe haber entre cada botón generalmente es igual. Si usted ha hecho algunas alteraciones al patrón que cambien el largo del mismo o alteren la línea del busto, entonces tendrá que alterar la separación entre los ojales. Si elige botones más grandes o más pequeños que los indicados por el patrón, seguramente también tendrá que modificar la separación entre ellos. Los ojales se deben espaciar de tal forma que queden en las áreas de mayor tensión. Cuando no están espaciados correctamente, la prenda se abre, deformando su apariencia.

Para aberturas en el delantero, haga ojales en el cuello y en la parte más prominente del busto. En abrigos, blusones y vestidos o chaquetas con corte princesa, haga un ojal en la cintura. Para evitar abultamientos, no haga un ojal en la línea de cintura de una blusa con alforzas o de un vestido con cinturón. Los botones y ojales deben terminar de ponerse de 12.5 a 16 cm (5″ a 6″) por arriba de la línea del dobladillo en un vestido, falda o abrigo.

Para distribuir uniformemente los ojales, marque primero el lugar del primero y del último botón. Mida la distancia que hay entre éstos. Ahora, divida la distancia entre el número de botones que utilizará menos uno. El resultado será la distancia que habrá entre cada ojal. Después de marcar, pruébese la prenda, cerciorándose de que los ojales están colocados correctamente según su cálculo. Haga los ajustes necesarios.

Cómo determinar la longitud del ojal

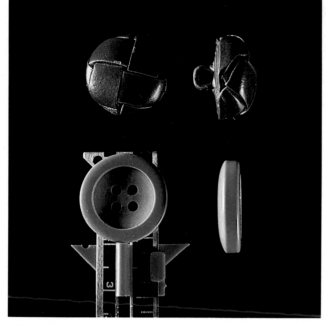

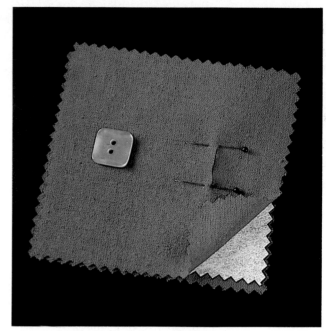

Mida el diámetro y el grosor del botón que va a utilizar. El largo correcto para un ojal hecho a máquina equivale a la suma de estas medidas, más 3 mm (¹/8″) para el acabado de los extremos del ojal. El ojal debe ser lo suficientemente grande para que se abotone con facilidad, y debe estar bien ajustado para que la prenda no se desabroche.

Haga un ojal de prueba. Primero, haga una abertura en un retazo de tela que mida el largo del ojal menos los 3 mm (¹/8″) extra. Si el botón pasa con facilidad, entonces es el largo indicado. Luego, haga un ojal de práctica en la prenda, con vista y entretela. Rectifique el largo y ancho de la puntada, la densidad de ésta y el espacio que va a cortar para el ojal.

Cómo marcar ojales

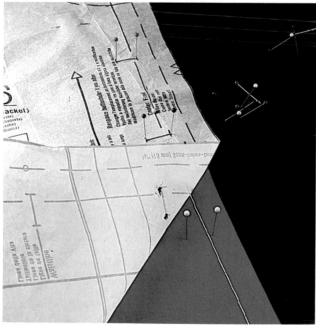

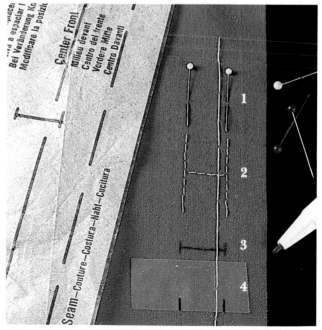

Coloque el patrón sobre la prenda, haciendo coincidir la línea de costura del patrón con la orilla de la abertura de la prenda. Clave los alfileres a través del papel de China y de la tela en los dos extremos de las marcas del ojal. Quite el patrón con cuidado, jalándolo por arriba de las cabezas de los alfileres.

Marque los ojales utilizando cualquiera de los siguientes métodos: (**1**) Asegure los alfileres. (**2**) Haga un hilván a máquina o a mano entre los alfileres y a lo largo de los extremos. (**3**) Marque con un plumón soluble en agua. (**4**) Coloque un pedazo de cinta adhesiva sobre los alfileres y marque el largo del ojal con el plumón; primero pruebe la tela para cerciorarse de que la tela adhesiva no la maltrata.

Ojales hechos a máquina

Los ojales hechos a máquina son adecuados para la mayoría de las prendas, especialmente la ropa informal o de hechura sastre. Hay cuatro tipos de ojales: el *ojal de modista a máquina* (que por regla general se hace en dos o cuatro pasos), el *ojal ribeteado*, el *ojal en un solo paso* y el *ojal que se hace con el accesorio universal*. Antes de hacer los ojales en la prenda, haga primero un ojal de prueba utilizando la entretela adecuada. El ojal de prueba también le hará ver en qué punto empieza la máquina la puntada de ojal, para que de esta forma usted pueda colocar su tela correctamente.

1) Los ojales de modista se hacen con una combinación de puntada de zigzag y presillas bordadas. La mayoría de las máquinas de zigzag tienen un mecanismo integrado para hacer este tipo de ojales en dos o cuatro pasos. Los cuatro pasos a seguir son: zigzag hacia adelante, presilla bordada, zigzag en reversa, presilla bordada. Un ojal en dos pasos combina un movimiento hacia adelante o hacia atrás con una presilla bordada. Consulte el manual de su máquina de coser para instrucciones específicas, porque cada máquina tiene variantes. La ventaja de este tipo de ojal es que permite ajustar la densidad de la puntada de zigzag para que sea adecuada a la tela y al tamaño del ojal. Utilice las puntadas de zigzag espaciadas en las telas voluminosas o de tejido flojo y puntadas más cerradas en las telas transparentes o delicadas.

2) Ojales ribeteados. Son una adaptación del ojal de modista de un solo paso. Este ojal se cose con puntada de zigzag angosta, se abre, y luego se vuelve a coser, a fin de que la orilla cortada quede sobrehilada con puntadas de zigzag. Este ojal ribeteado tiene la apariencia de un ojal hecho a mano y constituye una buena alternativa cuando la entretela no combina con la tela de la prenda.

3) Ojales en un solo paso. Estos ojales se cosen en un solo paso, utilizando un prensatelas especial y una puntada integrada disponible en algunas máquinas. Se pueden hacer con una puntada de zigzag de ancho estándar o con una puntada de zigzag angosta propia para las telas ligeras. El botón se coloca en un transportador, en la parte de atrás del accesorio especial, y guía las puntadas; de esta forma el ojal se ajusta perfectamente al botón. La palanca que se encuentra cerca de la aguja se baja y automáticamente detiene el movimiento hacia adelante de la máquina cuando el ojal tiene el largo correcto. Todos los ojales son del mismo tamaño, lo único que se netesita es marcar el lugar donde debe ir el ojal.

4) Ojales con el accesorio universal. Estos ojales se hacen con un accesorio que se adapta a cualquier máquina, incluyendo una máquina de puntada recta. El accesorio tiene una *plantilla* que determina el tamaño del ojal. Este método tiene la ventaja de que el largo del ojal es uniforme y se puede ajustar el ancho de la puntada de zigzag. El ojal de ojo de cerradura que se utiliza en las prendas de hechura sastre o con telas gruesas, se puede hacer utilizando este accesorio. El ojo de cerradura en un extremo del ojal deja espacio suficiente para el pie del botón.

Si no es necesario volver a distribuir los ojales por modificaciones al patrón, haga los ojales después de unir y terminar las vistas, pero antes de unir esta pieza a otra sección de la prenda. De esta forma, hay menos peso y abultamiento para manejar la prenda.

Cómo hacer ojales

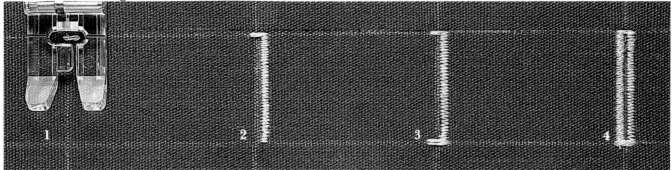

Ojales de modista (cuatro pasos). Coloque la tela abajo del prensatelas para ojales: acomode la aguja sobre el punto de inicio y centre el prensatelas sobre la marca del centro. (Los pasos a seguir se ilustran arriba por separado, pero el ojal se cose sin parar, moviendo la máquina para acomodarla en una nueva posición en cada paso.) **1)** Ajuste el selector en el primer paso. Lentamente, cosa tres o cuatro puntadas a través del extremo para formar una presilla fija. **2)** Cosa un lado. Algunas máquinas cosen primero el lado izquierdo, otras el lado derecho. Sólo cosa hasta donde está marcado el extremo. **3)** Haga tres o cuatro puntadas sobre el extremo para formar la segunda presilla fija. **4)** Cosa el otro lado para completar el ojal. Deténgase cuando llegue a la primera presilla fija. Regrese a la posición de inicio y haga una o dos puntadas de remate.

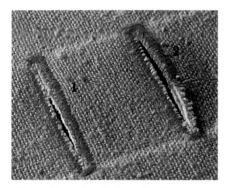

Ojales ribeteados. 1) Cosa el ojal con puntada de zigzag angosta. Abra el ojal con un corte y recorte los cabos sueltos. **2)** Vuelva a acomodar el ojal en la misma posición que para el primer pespunte. Ahora, ajuste el ancho de la puntada de zigzag para que la puntada sea más ancha. Cosa por segunda vez con esta puntada abarcando el borde cortado del ojal.

Ojal en un solo paso. Coloque el botón en el transportador del pegabotones. Consulte el manual de su máquina de coser para elegir la puntada adecuada. El ojal quedará del tamaño correcto y la máquina se detendrá automáticamente. Abra el ojal y cósalo por segunda vez para darle un acabado ribeteado.

Ojal con el accesorio universal. Coloque el accesorio para ojales tal y como se indica en el manual. Seleccione la plantilla del tamaño adecuado para el botón. Para reforzar firmemente el ojal, haga un segundo pespunte alrededor de éste.

Cómo abrir un ojal

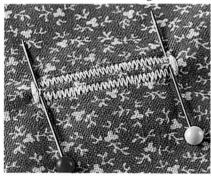

1) Prenda en línea recta los alfileres a cada extremo del ojal, hacia adentro de las presillas fijas para no cortar los extremos.

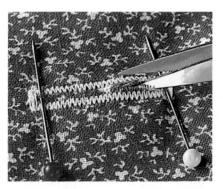

2) Introduzca la punta de unas tijeras pequeñas y puntiagudas o el descosedor por el centro del ojal, y con mucho cuidado corte hacia un extremo, después hacia el otro.

3) Refuerce la orilla cortada y evite que se deshilache aplicándole el líquido especial para prevenir el deshilachado. Primero pruébelo en un retazo de tela.

Botones

Más que cualquier otro detalle de acabado, los botones le dan un toque personal a la prenda. Los botones pueden ser tanto decorativos como funcionales. Existen dos tipos básicos de botones: los *botones perforados* y los *botones con pie,* aunque las variantes de estos dos tipos son infinitas.

Los botones perforados por regla general son planos, con dos o cuatro agujeros. Cuando se les usa sólo como adorno, se pueden pegar directamente en la prenda. En cualquier otro caso, los botones perforados requieren un pie de hilo. El *pie levanta el botón* sobre la superficie de la prenda, con lo que queda espacio para que las capas de tela se ajusten bien cuando se abotone la prenda.

Los botones con pie tienen su propio pie en la parte de abajo. Utilice botones con pie para las telas gruesas, así como también para las presillas.

Cuando escoja los botones, tenga en cuenta el color, el estilo, el grosor y el cuidado que requerirán.

Color. El color del botón usualmente tiene que combinar con el color de la tela, pero para darle a la prenda un toque distintivo, se pueden utilizar botones de color contrastante. Si no consigue un color que combine, forre sus propios botones.

Estilo. Elija botones pequeños y finos para prendas femeninas; estilos clásicos para las prendas de hechura sastre; y botones de fantasía para la ropa de niños. Los botones con piedras de imitación le dan luz a la prendas de terciopelo. Combine los botones de metal o de piel con las telas de pana acanalada y los tweeds de lana.

Grosor. Combine los botones delgados con las telas ligeras. Los botones pesados jalarían y deformarían las telas ligeras. Las telas gruesas requieren botones más grandes o gruesos.

Cuidado. Adquiera botones que puedan recibir el mismo cuidado que la prenda, ya sea que ésta se lave en casa o en seco.

En el reverso del sobre del patrón se indica la cantidad y el tamaño de los botones que hay que comprar. Al comprarlos, procure que no midan más, o menos, de 3 mm ($1/8''$) de lo que se especifica en el patrón. Los botones demasiado pequeños o demasiado grandes no estarán en proporción con la orilla de la prenda. El tamaño de los botones se da en pulgadas, milímetros y líneas. Por ejemplo, un botón de $1/2''$ equivale 13 mm y de línea 20; un botón de $3/4''$, equivale a 19 mm y de línea 30.

Cuando vaya a comprar los botones, lleve consigo una muestra de la tela para cerciorarse de que los botones hagan juego con ella. Haga una ranura en el retazo de tela para que pueda deslizar el botón a través de ésta, de esta forma usted se podrá dar una idea de cómo se verá en la prenda terminada.

Para pegar un botón en telas delgadas, utilice hilo de uso general doble, en las telas gruesas utilice torzal para ojales. Cuando tenga que pegar varios botones, la hebra debe ser doble, esto quiere decir que usted coserá con cuatro cabos (hebras) al mismo tiempo. De esta forma, con dos puntadas será suficiente para asegurar el botón.

Cómo marcar la posición del botón

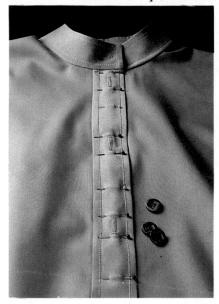

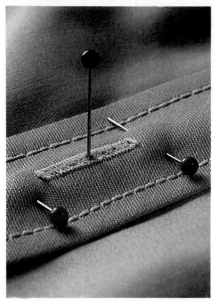

1) Marque el lugar del botón superponiendo el lado con ojales de la prenda sobre el lado para botones, casando las líneas centrales. Abroche la prenda con alfileres entre los espacios para los botones.

2) Clave el alfiler vertical en el ojal, atravesando la última capa de tela. En los ojales verticales, clave el alfiler al centro del ojal. En los ojales horizontales, clave el alfiler en el extremo más próximo a la orilla exterior de la prenda.

3) Con mucho cuidado levante el ojal por encima del alfiler. Introduzca la aguja ensartada en el punto del alfiler para coser el botón. Marque y cosa los botones de uno en uno, abotonando los botones terminados para poder marcar con mayor exactitud.

Cómo pegar un botón de pie

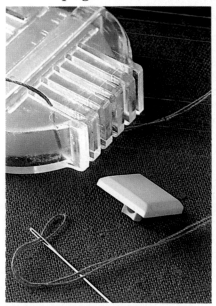

1) Corte una hebra de 76 cm (30″) de largo y pásela a través del pan de cera para reforzarla. Dóblela a la mitad. Ensarte la hebra doblada en una aguja estambrera. Anude los extremos de los hilos. Coloque el botón en la marca del alfiler en la línea central de la prenda, colocando el agujero del pie paralelo al ojal.

2) Afiance el hilo por el derecho con pequeñas puntadas, por debajo del botón. Pase la aguja a través del agujero del pie. Introduzca la aguja hacia abajo, atraviese la tela y jale el hilo. Repita, haciendo de cuatro a seis puntadas a través del pie del botón.

3) Remate el hilo sobre la tela por debajo del botón, haciendo un nudo o con varias puntadas pequeñas. Corte los cabos de hilo. Si se utiliza un botón de pie en tela gruesa, tal vez se necesite también un pie de hilo. Para hacer un pie de hilo, siga las instrucciones que se dan para un botón perforado, en la página 116.

Cómo coser a mano un botón perforado

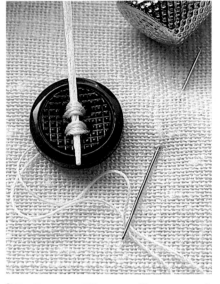

1) Ensarte la aguja tal y como se hace para el botón con pie (página 115) y coloque el botón en la marca del alfiler. Acomode los agujeros del botón de tal modo que queden paralelos al ojal. Pase la aguja desde abajo de la tela hacia arriba a través de uno de los agujeros del botón. Ahora, introduzca la aguja en otro de los agujeros, abarcando todas las capas de tela.

2) Deslice un palillo, un cerillo o una aguja de máquina de coser entre el hilo y el botón para formar el pie. Haga tres a cuatro puntadas en cada par de agujeros. Saque la aguja y el hilo por el derecho de la tela y por abajo del botón, quite el palillo.

3) Enrede el hilo dos o tres veces alrededor de las puntadas del botón para formar el pie. Remate el hilo por el derecho de la tela, por abajo del botón, haciendo un nudo o con unas cuantas puntadas pequeñas. Corte el hilo cerca del nudo.

Cómo coser a máquina un botón perforado

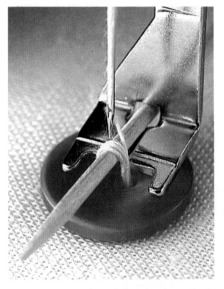

1) Ponga el prensatelas para botones y la placa aguja especial para cubrir el impelente o baje éste. El botón se coserá con puntada de zigzag cerrada. Ajuste el ancho de puntada y la tensión tal como se indica en el manual.

2) Coloque el botón bajo el prensatelas. Baje la aguja, céntrela en uno de los agujeros del botón; pero esto, con mucho cuidado, gire el volante de la máquina hacia usted. Ahora, baje el prensatelas. Enseguida, gire el volante hasta que la aguja salga del botón quede un poco arriba del prensatelas. Introduzca un cerillo o un palillo para formar el pie.

3) Ajuste el regulador del ancho de puntada de zigzag de manera que el ancho de puntada sea igual a la distancia entre los agujeros del botón. Trabaje muy despacio hasta que esté segura de que tiene el ancho correcto. Haga seis o más puntadas de zigzag. Remate la costura tal y como se indica en el manual de su máquina.

Broches de presión

Los broches de presión se pueden adquirir en varias modalidades: como broches de presión para coser a mano, broches de remache y broches de presión en tiras.

Los broches de presión para coser a mano son propios para aquellas áreas sometidas a poca tensión, como el escote, o en la cintura, para que mantengan en su lugar la orilla de la vista cuando hay botones, en la línea de cintura de blusas, o en el extremo en pico de una pretina que se abrocha con ganchos y presillas planas. Los broches de presión constan de dos piezas: macho y hembra. Seleccione el tamaño lo suficientemente fuerte para mantenerse cerrado, pero que no sea demasiado pesado para la tela.

Los broches de remache se colocan con unas pinzas especiales o con un martillo. Son más fuertes que un broche de presión y quedan a la vista por el derecho de la prenda. Los broches de remache pueden reemplazar al botón y el ojal en la ropa deportiva.

Las tiras de broches de presión consisten en broches pegados a una tira de tela. Esta tira se cose a la prenda con el prensatelas para cierres. La tira de broches de presión se utiliza en ropa deportiva, artículos decorativos para el hogar, y en la costura interna de los pantalones de niños y bebés.

Cómo coser los broches de presión

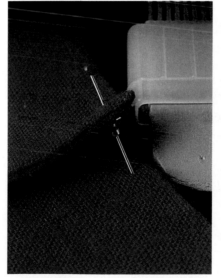

1) Coloque el macho del broche por el revés del extremo que va traslapado, de 3 a 6 mm (¹/₈″ a ¹/₄″) de la orilla, de tal modo que no se vea por el derecho. Cosa a través de cada agujero, usando una sola hebra de hilo. Cósalo sólo a través de la vista y la entretela, sin llegar al derecho de la prenda. Remate el hilo con dos puntaditas.

2) Marque la posición de la hembra del broche en el derecho del extremo de la pretina que quedará abajo. Utilice uno de los siguientes métodos: si hay un agujero en el centro del macho, entonces pase un alfiler desde el derecho de la prenda, a través del agujero del broche, hasta la sección de la pretina que quedará abajo. Si no tiene agujero, frote con greda el macho y presiónelo firmemente contra el extremo de la pretina que quedará abajo.

3) Coloque el centro de la hembra sobre la marca. Cósala tal y como cosió el macho, pero en este caso abarque todas las capas de tela.

Cierres

En la parte baja de la espalda, en la parte alta del delantero, en las mangas, en los bolsillos o en las piernas de los pantalones, los cierres son una alternativa para abrochar la prenda con una gran variedad de detalles de moda. Los *cierres comunes* son los que más se utilizan. Este tipo de cierre va cerrado en un extremo y se fija en una costura. Los *cierres invisibles, abiertos y metálicos* son cierres para usos especiales.

El patrón especifica el tipo y el largo del cierre que hay que comprar. Cuando tenga que seleccionar un cierre, escoja uno que más o menos combine con el color de la tela. También tenga en cuenta el grueso del mismo y el grosor de la tela. Escoja cierres de espiral sintéticos para las telas delgadas, ya que este tipo de cierres es más ligero y flexible que los de metal. Si no encuentra un cierre del tamaño deseado, compre uno un poco más grande que el que usted anda buscando y acórtelo siguiendo las indicaciones que se dan en la página opuesta.

Existen varias formas para colocar un cierre. La que usted elija depende del tipo de prenda y de la posición en que lo colocará. En las siguientes páginas se dan las instrucciones para colocar *cierres* comunes *traslapados, centrados* y *para bragueta*, asimismo se enseñan dos métodos para colocar cierres abiertos. Existen algunas variantes para cada una de estas aplicaciones. Los métodos que se indican aquí son fáciles y rápidos, pues se recurre a técnicas para ahorrar tiempo, como el pegamento para telas y la cinta adhesiva transparente.

Abroche el cierre y planche las arrugas antes de colocarlo en la prenda. Si el cierre viene en una cinta de algodón y se va a colocar en una prenda lavable, entonces déle el tratamiento de preencogido en agua caliente antes de colocarlo en la prenda. Con esto evitará que el cierre encoja cuando usted lave la prenda. Para una mejor apariencia, el último pespunte por el derecho de la prenda debe ser recto y a una distancia uniforme de la línea de costura. Cosa ambos lados del cierre de abajo hacia arriba, y voltee la jaladera hacia arriba para que no tenga problemas cuando cosa a la altura del deslizador.

Las partes del cierre

El tope superior es un pequeño remache metálico en la parte superior que impide que el deslizador se zafe de la cinta.
El deslizador y la jaladera constituyen el mecanismo que hace funcionar al cierre. Es lo que abre y cierra los dientes del cierre.
La cinta es la pestaña de tela donde están fijos los dientes o espirales de un cierre. Esta cinta se cose a la prenda.
Los dientes o la espiral forman la parte del cierre que se cierra cuando el deslizador corre a lo largo de ellos. Pueden ser de nylon, poliéster o metal.
El tope inferior es el remache metálico que se encuentra en la parte inferior del cierre y es donde se apoya el deslizador cuando se abre el cierre. Los cierres abiertos tienen un tope inferior que queda separado en dos partes para permitir que se abra el cierre totalmente.

Los cierres de chamarra se pueden colocar de tal modo que los dientes del cierre queden ocultos o a la vista. Un cierre decorativo con dientes de plástico es ligero y sin embargo es resistente para la ropa deportiva.

Colocación de un cierre común

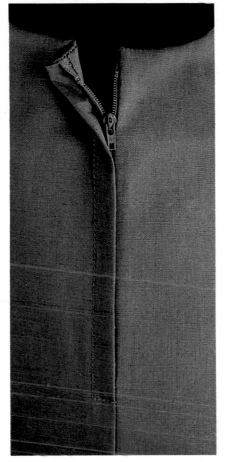

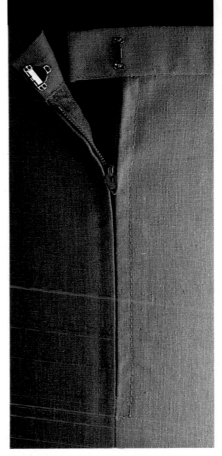

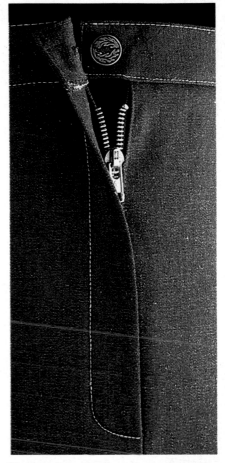

El cierre traslapado queda totalmente oculto y es una buena alternativa para cubrir los cierres que no combinan perfectamente con el color de la tela. En general se utiliza en los costados de vestidos, faldas y pantalones.

El cierre centrado se utiliza con más frecuencia para cerrar el centro del delantero y de la espalda. Una primero las vistas *antes de colocar* el cierre. Las pretinas se deben poner *después de colocar* el cierre.

El cierre de bragueta es más común en pantalones y faldas, aunque ocasionalmente se usa en abrigos y chaquetas. Utilice este cierre únicamente cuando así lo indique el patrón, ya que requiere un traslape más ancho y vista, los cuales están considerados en el patrón.

Cómo acortar un cierre

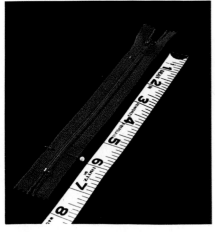

1) Marque el largo deseado de la espiral con un alfiler, empezando por el tope superior.

2) Cosa con puntada de zigzag a través de la espiral en el punto donde colocó el alfiler para formar un nuevo tope inferior.

3) Corte el sobrante del cierre y de la pestaña. Coloque el cierre como de costumbre, cosiendo muy despacio a través de la espiral en la parte inferior.

Cómo colocar un cierre traslapado

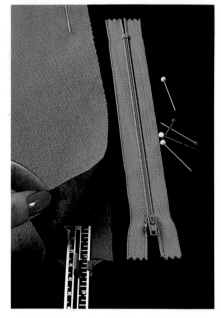

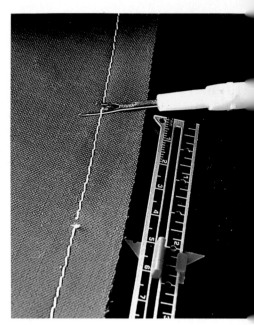

1) Voltee la prenda al revés. Revise la abertura de la costura para cerciorarse de que los extremos superiores están parejos. El largo de la abertura debe ser igual al largo de la espiral del cierre más 2.5 cm (1"). Prenda la costura desde la parte inferior de la abertura hasta la parte superior de la prenda.

2) Haga un hilván a máquina sobre la línea de costura, empezando desde la parte inferior de la abertura hasta la parte superior de la prenda, quitando los alfileres a medida que cose.

3) Haga cortes en las puntadas de hilván cada 5 cm (2") para que sea más fácil quitar éste después de que se haya colocado el cierre.

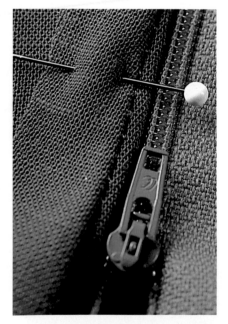

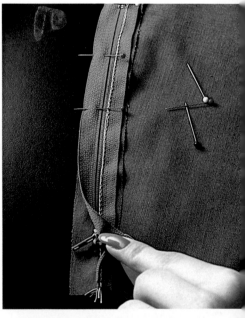

7) Suba el cierre y coloque éste hacia arriba. Alise la tela separándola del cierre, forme un doblez angosto entre la espiral del cierre y la costura hilvanada.

8) Coloque el prensatelas para cierres al lado izquierdo de la aguja. Empezando por la parte inferior de la pestaña del cierre, cosa cerca del borde del doblez, abarcando la pestaña doblada de tela y la del cierre.

9) Voltee el cierre hacia la costura de manera que la cara de éste quede contra la costura. Cerciórese de que la jaladera esté hacia arriba para que no abulte mucho cuando se esté cosiendo. Prenda el cierre en su lugar.

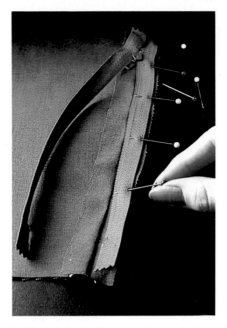

4) Planche la costura abierta. Si el cierre se encuentra en la costura lateral de una falda o pantalón, planche la costura sobre un guante o brazo de sastre para conservar la forma de la línea de la cadera.

5) Abra el cierre. Colóquelo hacia abajo sobre la pestaña que se encuentra a mano derecha (con la parte superior de la prenda hacia usted). Coloque la espiral del cierre exactamente sobre la línea de costura, con el tope superior a 2.5 cm (1″) por abajo de la orilla cortada. Voltee la jaladera hacia arriba. Prenda, pegue o fije con cinta adhesiva la pestaña derecha del cierre.

6) Sustituya el prensatelas anterior por el prensatelas para cierres, ajustándolo en el lado derecho de la aguja. Haga un hilván a máquina cerca del borde de la espiral, cosiendo desde la parte inferior hasta la parte superior del cierre, con el borde del prensatelas contra la espiral. Vaya quitando los alfileres a medida que cose.

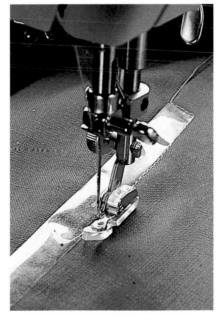

10) Vuelva a poner el prensatelas para cierres a la derecha de la aguja. Empezando en la parte superior del cierre, haga un hilván abarcando únicamente las pestañas de la tela y del cierre. Con esto se mantiene la pestaña de la tela en su lugar para el pespunte final.

11) Haga un sobrepespunte a 1.3 cm (¹/₂″) de la costura de la prenda. Para hacer un pespunte recto, utilice cinta adhesiva transparente de 1.3 cm (¹/₂″) de ancho y cosa a lo largo de la orilla. Empezando en la línea de costura, cosa a través de la parte inferior del cierre, haga girar la tela en el extremo de la cinta y continúe hasta la orilla superior cortada.

12) Quite la cinta adhesiva. Pase los cabos de hilo de la parte inferior del cierre al reverso y anúdelos. Quite el hilván de la costura. Planche con un lienzo para evitar que la tela se ponga brillosa. Recorte la pestaña del cierre para emparejarla con la orilla superior de la prenda.

Cómo colocar un cierre centrado (utilizando el pegamento en barra)

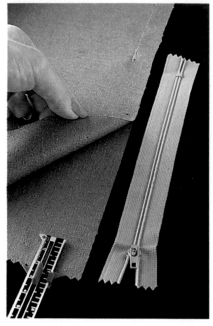

1) Voltee la prenda al revés. Revise la abertura de la costura para cerciorarse de que las orillas superiores están parejas. El largo de la abertura debe ser igual al largo de la *espiral* más 2.5 cm (1").

2) Prenda la costura con alfileres desde la parte inferior de la abertura hasta la parte superior de la prenda.

3) Hilvane a máquina la línea de costura desde la parte inferior de la abertura hasta la orilla superior de la prenda. Haga cortes en las puntadas del hilván cada 5 cm (2") para que sea más fácil quitar el hilván al final.

7) Extienda y alise la prenda con el derecho hacia afuera. Marque el tope inferior del cierre con un alfiler. Utilice una cinta adhesiva transparente o perforada para marcar, con un ancho de 1.3 cm (¹/₂") y el mismo largo del cierre. Coloque la cinta al centro de la línea de costura. No utilice cinta adhesiva en telas con pelillo u otras telas delicadas.

8) Sustituya el prensatelas por el prensatelas para cierres y colóquelo a la izquierda de la aguja. Haga un sobrepespunte en el cierre por el derecho, empezando en la costura en la parte inferior de la cinta. Cosa a través de la parte inferior del cierre; gire al llegar a la orilla de la cinta. Cosa hacia arriba, por el lado izquierdo del cierre hasta la orilla cortada, utilizando como guía la orilla de la cinta.

9) Ahora, coloque el prensatelas a la derecha de la aguja. Empiece en la costura, en la parte inferior de la cinta, cosa a través de la parte inferior. Gire la tela y siga cosiendo por el lado derecho del cierre, utilizando como guía el borde de la cinta.

4) Planche la costura abierta. Dé un acabado a las orillas si la tela se deshilacha con facilidad.

5) Aplique un poco de pegamento en barra (página 20) por el derecho del cierre.

6) Coloque el cierre hacia abajo sobre la costura, con la espiral exactamente en la línea de costura, y el tope superior 2.5 cm (1″) abajo de la orilla cortada (mantenga la jaladera hacia arriba). Presione con los dedos para fijar el cierre. Espere unos minutos a que seque el pegamento.

10) Pase los hilos de la parte inferior del cierre por el revés del cierre. Ate los cuatro cabos; utilice un alfiler para ayudarse a deslizar el nudo cerca del cierre (página 59). Corte las hebras.

11) Voltee la prenda al derecho. Quite la cinta adhesiva. Con mucho cuidado quite el hilván de la línea de costura.

12) Planche con un lienzo para evitar que la tela se ponga brillosa. Recorte la pestaña del cierre emparejándola con la orilla superior de la prenda.

Cómo colocar un cierre de bragueta

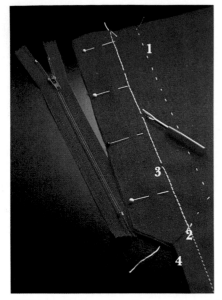

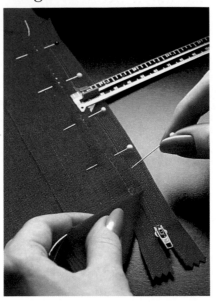

1) Marque la línea de sobrepespunte del cierre por el derecho de la prenda con un hilván a mano o con un marcador líquido especial (**1**). Una la costura delantera hasta el tiro, haciendo punto atrás en las marcas para el extremo de la aletilla del cierre (**2**). Haga un hilván a máquina con la costura cerrada (**3**). Corte el hilván a cada 5 cm (2"). Recorte las pestañas por abajo de las vistas de la bragueta (**4**). Planche las vistas abiertas.

2) Doble hacia abajo la vista de la bragueta que se encuentra a mano derecha (con la orilla superior hacia usted) de 6 mm a 1.3 cm (¼ " a ½ ") del centro del delantero. Coloque el borde doblado a lo largo de la espiral con el tope superior 2.5 cm (1") abajo del borde superior. Prenda con alfileres o hilvane.

3) Ponga el prensatelas para cierres y colóquelo a la izquierda de la aguja. Cosa cerca del doblez, empezando en la parte inferior del cierre.

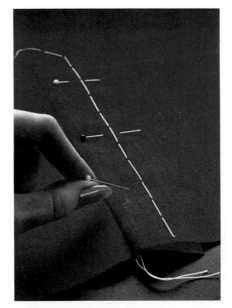

4) Voltee hacia abajo el cierre, sobre la *vista izquierda* de la bragueta. Voltee hacia arriba la jaladera y haga a un lado el resto de la prenda. Ahora coloque el prensatelas a la derecha de la aguja. Empiece en la parte superior del cierre, cosa a través del cierre y de la bragueta, a una distancia de 6 mm (¼") de la espiral del cierre.

5) Extienda la prenda alisándola, con el revés hacia arriba. Prenda la bragueta izquierda al delantero de la prenda. Voltee la prenda al derecho y vuelva a prender la vista de la bragueta. Quite los alfileres que colocó adentro.

6) Cosa por el derecho a lo largo de la línea de sobrepespunte que se marcó, con el prensatelas para cierres a la derecha de la aguja. Empiece en la costura en la parte inferior del cierre y cosa hasta la parte superior de la prenda, quitando los alfileres a medida que avanza. Pase las hebras hacia el revés y anude. Quite el hilván y las marcas. Planche utilizando un lienzo para planchar.

Cómo colocar un cierre de chamarra oculto

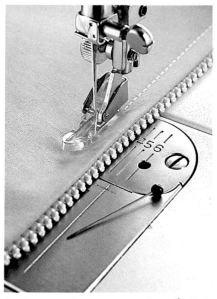

1) Use cinta adhesiva para hilvanar, alfileres o pegamento para mantener el cierre cerrado, hacia arriba, por abajo de las orillas de la abertura ya con vistas. Coloque la jaladera a 3 mm (¹/₈″) por abajo de la línea de costura del escote. Las orillas de la abertura deben juntarse en el centro del cierre, cubriendo la cremallera.

2) Abra el cierre. Doble hacia abajo los extremos de la pestaña del cierre que se encuentra en la parte superior de la prenda. Préndalos con alfileres.

3) Haga un sobrepespunte a 1 cm (³/₈″) de cada orilla de la abertura, abarcando la tela y la pestaña del cierre. Cosa desde la parte inferior hasta la parte superior de cada lado, acomodando el prensatelas para cierres a cada lado.

Cómo colocar un cierre de chamarra visible

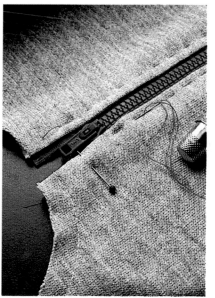

1) Prenda las orillas de la abertura ya con vistas al cierre cerrado para que éstas queden cerca de la cremallera, pero que no la cubran, con la jaladera 3 mm (¹/₈″) abajo de la línea de costura de escote.

2) Hilvane el cierre con las pestañas rebasando la línea de costura del escote. Si ya cosió la vista, doble hacia abajo la pestaña del cierre que quede en la parte superior de la prenda. Abra el cierre.

3) Haga un sobrepespunte cerca de la orilla de la abertura y por el derecho de la prenda; use el prensatelas para cierres y avance de la parte inferior de la prenda hacia la parte superior en ambos lados. Para mantener lisa la pestaña del cierre, haga un pespunte a 6 mm (¹/₄″) del primer pespunte en cada lado.

Indice